딥페이크 생성과 탐지

AI문고

인공지능 시대입니다. 기계가 인간의 인지를 대신하고, 사물이 인간을 통하지 않고 다른 사물과 직접 커뮤니케이션합니다. 이에 따른 인간 삶과 문명 변화를 정확히 이해·예측·대응하는 것은 이 시대 우리 모두의 과제입니다. AI문고는 인공지능 기술과 환경의 여러 주제를 10가지 키워드로 정리합니다. 관련 개념과 이론, 학계와 산업계의 쟁점, 우리 일상의 변화를 다룹니다. 인간과 기술의 현재, 미래를 세심히 분석합니다.

일러두기

- 인명, 작품명, 저서명, 개념어 등은 한글과 함께 괄호 안에 해당 국가의 원어를 병기했습니다.
- 외래어 표기는 현행 어문규정의 외래어표기법을 따랐습니다.

처음이세요?

전문가세요?

딥페이크 생성과 탐지

유하진

ㅋ

대한민국, 서울, 커뮤니케이션북스, 2025

딥페이크 생성과 탐지

지은이 유하진
펴낸이 박영률

초판 1쇄 펴낸날 2025년 4월 13일

커뮤니케이션북스(주)
출판 등록 2007년 8월 17일 제313-2007-000166호
02880 서울시 성북구 성북로 5-11
전화(02) 7474 001, 팩스(02) 736 5047
commbooks@commbooks.com
www.commbooks.com

ISBN 979-11-7307-978-8 03500

책값은 뒤표지에 표시되어 있습니다.

차례

일상으로 다가온 딥페이크

최근 인공지능 기술이 급속도로 발전하면서 예전에는 구현하지 못했던 이미지나 음성, 음악 등의 멀티미디어를 컴퓨터로 만들어 내는 기술이 크게 발전했다. 이에 따라 컴퓨터로 실제 존재하는 사람의 얼굴을 사진으로 찍은 것처럼 만들거나 음성도 똑같이 자연스럽게 만들어 내기에 이르렀다. 이러한 기술은 창작 활동을 하는 데 도구로 사용하면 창작 생산성을 높이고, 훈련되지 않은 개인도 얼마든지 이 도구를 사용해 창의적인 활동을 할 수 있다는 장점이 있다. 이 도구를 이용해 영화를 만들기도 하고, 많은 유튜브 방송에서도 이렇게 만든 동영상, 이미지, 음성 등을 사용하고 있다. 메타버스에서도 현실적인 미디어를 제공해 사용자의 몰입감을 높일 수 있다. 고인이 된 유명인이나 가족을 만나 대화할 기회를 제공하기도 하고, 고객 응대, 교육 등 다양한 분야에서 활용될 수 있다.

그러나 최근에는 이를 악용하는 사례가 늘면서 사회 문제로 대두하고 있다. 유명 연예인, 특히 K팝 아이돌 등의 얼굴에 음란물을 합성하거나, 심지어 친구들의 얼굴에 음란물을 합성해 공개하는 등 범죄 행위로까지 발전하고 있다. 미국에서는 국방부가 습격당하는 가짜 사진이 인터넷에 올라와 미국 주가가 크게 하락하는 일도 있었다. 회사의 고위급 인사의 목소리를 흉내 내어 거액을 송금받는 사건도 일어났다. 놀라운 사실은 여러 명의 직원과 화상 통화를 했는데, 모두 딥페이크(deepfake)였다는 것이다(Chen & Magramo, 2024). 선거철이 되면 상대방 후보를 비방하기 위해 다양한 가짜 영상을 만들어 유권자를 교란한다. 이에 따라 사람들은 자녀들에게 얼굴 사진을 SNS에 올리지 못하게 하는 등, 이 현상을 두려워하는 반응을 보이기도 한다. 생성형 인공지능으로 대체될 일자리의 목록이 만들어져 실직에 대한 두려움을 주고도 있다. 이렇게 생성형 인공지능 기술은 사람에게 큰 도움을 주기도 하고 피해를 주기도 하므로 이에 대한 깊이 있는 이해가 없다면 이 기술을 과신하거나 막연하게 두려움의 대상으로 삼을 수밖에 없다.

새로운 기술에 대한 두려움과 거부감을 보여 주는 예로서 많이 회자하는 것은 처음 증기 자동차가 발명되었을 때 영국에서 만든 「적기조례(The Locomotives on Highways Act)」다. 당시에 일자리를 잃을 것을 염려한

마부들과 마차 운송업자들이 정부를 압박해 자동차 이용을 막기 위한 법을 제정하도록 한 것이다(이경전, 2020). 이에 따라 정작 자동차를 발명한 영국에서는 자동차 산업이 크게 발전하지 못하고, 오히려 독일이나 미국 등 다른 나라에서 유명 메이커가 더 많이 개발되었다. 하지만 이후에 자동차 운전사를 비롯해 도로 건설, 신호등 설치 등 많은 분야에서 일자리가 생겨났고, 운송 수단의 발전으로 산업이 크게 발전해 더 많은 일자리가 만들어졌음은 말할 것도 없다.

인공지능은 하나의 도구일 뿐이다. 우리가 굴착기로 땅을 파거나 컴퓨터로 작업을 한다고 해서 그런 도구가 일자리를 차지하는 것이 아니라, 그런 도구를 잘 사용하는 사람이 더 많은 일자리를 얻게 될 것이다. 앞서 예로 든 「적기조례」를 만들 당시 증기 기관 자동차들은 폭발 사고를 내거나 도로를 망가뜨리는 등 많은 문제를 일으켰다. 지금도 자동차는 교통사고의 주범이고, 소음과 공해를 배출하며, 많은 사람이 운동 부족으로 병에 걸리게 하고 있다. 그렇다고 자동차가 없어져야 한다고 주장하는 사람은 없을 것이다. 그보다는 지속적인 연구로 사고를 예방하는 기술을 개발하고, 공해를 저감하고, 사람들이 어떻게 하면 운동을 할 수 있게 할지를 고민하는 게 바람직할 것이다.

미래 사회를 그린 영화에서 사람들은 인공지능이나 지능형 로봇의 도움을 자연스럽게 받는다. 우리도 그것이 당연히 우리의 미래라고 기대하고 있다. 그런데 또 많은 영화에서 인공지능이나 그것을 이용한 악당이 지구를 지배하기 위해 사람들을 괴롭히는 시나리오를 다루기도 한다. 그런 영화에서는 주인공 영웅이 악당을 물리치고 평화를 찾는 것으로 결론을 낸다. 지금 현실에서도 부정한 수입을 위해 생성형 인공지능으로 딥페이크를 만드는 악당이 대중을 괴롭히지만 대부분은 적발되어 처벌된다. 딥페이크를 탐지하는 기술을 연구하는 것도 그 같은 공격에 대한 방어 활동이다. 자동차에 의한 피해가 심각하니 자동차를 없애자고 하지 않는 것처럼, 인공지능에 의한 위협이 존재하는 것이 사실이지만 해결 방법을 마련하는 것이 더 현명한 선택이다.

이 책에서는 인공지능 기술이 어떻게 멀티미디어를 생성해 내는지, 그리고 멀티미디어 딥페이크를 탐지하기 위해 어떤 대응 기술을 개발하고 있는지를 다룬다. 만일 불행하게도 딥페이크의 피해자가 되어 본인의 합성 영상이 인터넷에 떠도는 상황이 되면 그것을 속히 찾아서 없애는 것이 피해를 줄이는 방법이 될 것이다. 그렇지만 인터넷에 있는 모든 영상을 찾아서 본인의 딥페이크 영상물인지 확인하고 삭제하는 것은 불가능하다. 이를 자동으로 해 줄 인공지능을 만들어야 한다. 그래서 딥페이크 탐지 기술을 개발하는 것은 매우 시급한 일이라고 할 수 있다. 물론 이것은 피해를 사전에 막을 방법도 될 수 있다. 전화 통화를 하거나, 온라인 영상 회의를 할 때 가짜가 의심되는 사람에 대해 표시를 해 주어 온라인 사기를 예방할 수 있다. 인터넷 포털이나 플랫폼 기업에서는 사용자가 올리는 미디어가 가짜인지 모두 검사해 사회적 피해가 없도록 해야 할 것이다. 딥페이크가 어떻게 만들어지는지 인지하고, 그 특성을 잘 파악해 탐지하고 방어하는 방법을 신속하게 개발하는 것이 필수다.

이 책은 인공지능에 대한 지식이 없는 일반인도 이해할 수 있도록 최대한 쉽게 설명하려고 했다. 딥페이크 기술의 기본 원리를 알고자 하는 일반인이나 미래에 관련 인공지능을 연구하고 싶은 학생, 딥페이크 사건을 다루는 기자, 정책 입안자, 창작의 도구가 필요한 예술가 등이 생성형 인공지능 기술에 대한 기초 지식을 이해하도록 하는 데 목적을 두었다.

먼저 생성형 인공지능을 이해하기 위한 인공지능과 기계 학습의 기본적인 내용, 생성형 인공지능을 만들기 위한 기초가 되는 잠재 공간을 설명하고, 이를 이용해 이미지나 음성 등의 미디어가 어떻게 만들어지는지를 설명한다. 그렇게 만들어진 딥페이크 멀티미디어들을 인공지능이 탐지하는 방법도 소개한다. 그리고 그러한 기술이 앞으로 어떤 방향으로 나아갈지, 현재 해결하지 못한 문제는 어떤 것이 있는지 설명한다.

기술을 이해하면 현재 일어나고 있는 사회 현상에 대한 막연한 두려움이나 생성형 인공지능에 대한 거부감에서 벗어나 사회 현상을 좀 더 깊이 해석하고 새로운 현상과 기술을 수용할 수 있다. 또 자신의 역량을 개발해 새로운 분야를 창출하거나 사회 문제를 해결하기 위한 정책을 만드는 데 필요한 역량을 키울 수 있다. 또한 사람들이 좀 더 발전적이고 균형 잡힌 생각을 가지고 더 나은 사회를 만들거나 사회 문제를 해결하는 데 도움을 줄 수 있다.

이 책은 10개의 주제로 나누어 주로 딥페이크가 만들어지는 과정과 그것을 탐지하는 과정을 단계별로 나누어 설명한다.

1장은 딥페이크의 역사와 사회적 대처 현황을 다룬다. 딥페이크라는 용어는 최근에 생겨났지만, 사진이나 음성 등의 미디어를 조작해 가짜로 만들기 위한 노력은 미디어가 생겨날 때부터 있었다. 카메라로 있는 그대로의 사진을 찍거나 마이크로 음성을 녹음해 사용하는 데 만족하지 않고 내가 원하고 상상하는 내용을 만들어 보여 주고자 하는 욕구는 인간 생활의 원초적인 바람이라고 할 수 있다. 그러한 인간의 욕구의 실현이 오늘의 딥페이크라고 할 수 있다. 가짜를 탐지하려는 노력도 그와 함께 발전했다. 일반인은 거의 관심이 없겠지만, 검찰이나 경찰 등 법조계에서는 이미 오래전부터 깊이 있게 연구해 온 분야다. 단순하게 잘라 붙이기 등의 기술로 편집된 것을 탐지하는 원시적인 시도로부터 현재의 놀라운 기술에 이르기까지의 발전 과정을 살펴본다. 더불어 이 딥페이크가 가져다준 사회적 문제를 해결하기 위한 연구자들의 노력, 국가와 기업의 협력 현황을 살펴본다. 딥페이크의 과거와 현재를 살펴봄으로써 미래를 대비할 수 있을 것이다. 그리고 현재 이루어지고 있는 노력이 우리의 우려를 불식하고 사회 문제를 해결할 수 있는 충분한 대책이 될 수 있는지, 또 어떤 방향으로의 노력이 더 필요한지에 대한 새로운 아이디어를 줄 수 있을 것이다.

2장에서는 딥페이크의 '딥'에 해당하는 내용인 딥러닝(deep learning)을 소개한다. 기본 기술이 되는 딥러닝에 대한 이해가 없으면 딥페이크 생성과 탐지 기술을 이해할 수 없기 때문이다. 딥러닝은 현재 인공지능 기술의 기본이 되는 것으로, 간단한 작업이 단계적으로 층을 이루어 '깊은' 층을 이루면서 복잡한 일을 할 수 있는 원리로 구성된 신경망의 학습 방법을 말한다. 충분한 데이터가 주어졌을 때 그러한 층들이 학습하여 우리가 원하는 일을 할 수 있게 하는 원리도 소개한다. 사실 인공지능 분야는 매우 방대하며, 그중에서 딥러닝은 기계가 대량의 데이터가 있을 때 스스로 어떤 원리를 학습하게 하는 여러 가지 기계 학습 방법 중 한 가지다. 또 기계 학습은 논리, 추론, 탐색, 계획, 최적화, 학습 등 많은 분야를 포함하는 인공지능의 한 분야다. 그런데 최근에는 딥러닝을 이용한 방법이 다른 학습 방법보다 매우 우수하고, 또 이 방법을 이용해 기존에 다른 방법을 사용하던 대부분 분야의 문제를 해결할 수 있게 되었기 때문에, 인공지능과 딥러닝이 거의 같은 의미로 사용되기도 한다. 즉, 우리가 밥을 먹는다고 할 때의 밥은 쌀밥을 말하기도 하지만, 라면이나 피자도 넓은 의미에서 밥인 것과 같다. 따라서 이 책에서는 독자의 편의를 위해 신경망이나 딥러닝 모델과 같은 세부적인 명칭보다 더 친근한 인공지능이라는 용어를 대신 사용하기도 한다.

이것을 모두 설명하려면 두꺼운 책 한 권으로도 부족

하고 수식도 많이 필요하겠지만, 여기서는 생성형과 판별형 인공지능을 이해하기 위한 원리만 개념적으로 설명한다. 생성형 인공지능은 무언가를 만들어 내는 것이고, 판별형 인공지능은 사물을 구별하는 기능을 하는 것이다. 예를 들어, 생성형은 미디어를 창조하고, 판별형은 개와 고양이, 진짜와 가짜를 구분하는 역할을 한다.

3장은 개념을 저장할 수 있는 잠재 공간을 소개한다. 인공지능이 미디어를 생성하는 원리는 간단하게 잠재 공간으로 설명할 수 있다. 사람이 머릿속에 어떤 개념이나 상황, 사건 등을 기억하듯이, 인공지능은 이 잠재 공간의 어느 위치에 그런 개념을 저장할 수 있다. 이미지, 음성, 텍스트 등에 들어 있는 내용이 잠재 공간에 함축되어 기억되고, 그것이 다시 미디어로 만들어지면 우리가 보고 들을 수 있는 생성물이 되는 것이다. 이 공간은 기하학에서 벡터라고 하는 것으로, 사실상 인공지능에서 다루는 모든 데이터는 벡터로 표현된다고 할 수 있다.

현재 고교 교육 과정에서 기하학은 여러 수학 과목 중 선택할 수 있게 되어 있지만, 기하학을 잘 이해하고 있는 사람은 현대의 인공지능, 즉 딥러닝을 이해할 수 있는 튼튼한 기반을 갖추고 있는 셈이다. 앞으로 딥러닝을 공부하고자 하는 학생은 이 기하학과, 최적화의 이해를 위한 간단한 미분, 확률과 통계 모델의 기초 지식을 공부하기를 권한다. 그렇지만 이 모든 수학을 깊게 알고 있어야 하는 것이 아니므로 전혀 염려할 필요는 없다. 현재의 수능이 요구하는 정도의 고난도 문제 해결 능력이 아니라, 아주 기본적인 개념만 알고 있으면 딥러닝을 이해하는 데 충분하다.

각 과목이 책 한 권씩이라면, 아마도 앞의 1, 2장 정도만 완전히 이해하면 충분할 것이다. 현재의 수능 중심 교육 과정은 각 과목에서 충분히 '꼬인' 문제를 신속하게 푸는 것을 훈련시키는데, 그 같은 문제 풀이 능력은 딥러닝 이해에 크게 도움이 되지 않는다. 각 과목에서 기본적인 개념을 충분히 이해할 정도면 되는데, 예를 들어 우리가 5차원 세계에 가면 그곳에 있는 사람은 어떤 모양이고, 그들이 보기에 우리는 어떤 모양일지를 정확히 볼 수 있는 상상력이면 된다. 미분 과목에서도 복잡하게 꼬인 수식을 미분할 필요가 없다. 신경망에서 사용하는 수식은 지극히 간단한 것이기 때문이다. 미분은 기울기를 구하는 것이라는 것만 알고 있으면 충분하다.

그다음은 확률에 관한 지식이다. 수년 전에 우리를 놀라게 했던 알파고(AlphaGo)는 사실 어느 위치에 돌을 두면 이길 확률이 가장 높은지를 계산하는 기계이고, 현재의 챗지피티(ChatGPT) 등 언어 모델도 질문에 대한 대답에 나올 확률이 가장 높은 단어를 찾는 기계다. 그렇기 때문에 인공지능은 거짓말을 하면서도 자신이 거짓말을 하고 있는지 모른다. 단지 평균적인 사람이 그 상황에서 그런 대답을 할 확률이 가장 높다는 것만 알고 있을 뿐이다. 인공지능을 공부하려면 위 세 과목 중 한 가지만 선택하는 것보다는 세 가지 모두를 명확하게 이해하는 교육 과정이 필요하다.

4장은 인공지능이 어떻게 그림을 그리고 말하는지 궁금한 독자를 위해 생성 기술을 설명한다. 앞에서 설명한 잠재 공간 개념을 이용해 이미지, 음성 등의 미디어를 만드는 과정을 간단히 설명한다. 이미지에서 많은 단계의 필터를 사용해 개념을 추출하고, 그 개념을 잠재 공간에 저장하며, 다시 필터의 반대인 역필터를 사용해 같은 이미지를 생성하는 과정을 설명한다. 음성 딥페이크를 만들 때는 텍스트를 입력하면 위와 같은 원리로 음성을 만드는 음성 합성이나, 한 사람이 발성한 목소리를 다른 사람의 목소리로 바꾸는 음성 변환이 사용된다.

5장은 현재 미디어 생성 모델에서 가장 좋은 성능을 가진 적대적 생성형 모델과 확산 모델을 다룬다. 이러한 딥러닝 모델을 이용해 현실적인 이미지나 음성을 만들 수 있다. 적대적 생성형 모델은 가짜를 만들어 내는 모델과 가짜와 진짜를 구분하는 모델이 서로 경쟁하며 발전해 나가며, 결국은 더 진짜 같은 가짜를 만들어 내도록 한다. 확산 모델은 진품에 노이즈를 섞어 점차 완전한 노이즈로만 이루어진 것을 만든 뒤, 이것을 거꾸로 하여 노이즈로부터 진품과 같은 것을 만들어 내는 과정을 구현한 것이다. 이와 같이 가짜가 만들어지는 과정을 잘 살펴보면 그 과정에서 어떤 흔적이 남고, 최종 결과물에서 어떤 흔적을 찾아야 진짜와 가짜를 구별할 수 있는지 알아낼 수 있을 것이다.

6장은 영상 딥페이크 탐지 방법을 설명한다. 이미지 안에서 어떤 흔적이 그것이 가짜라는 것을 알아낼 수 있게 해 주는지 살펴보고, 사람의 눈에 보이지 않는 주파수 성분으로 가짜를 탐지하는 방법을 소개한다. 그리고 가짜 동영상을 탐지하는 방법은 어떤 것이 있는지 살펴본다.

7장은 음성 딥페이크 탐지 방법을 설명한다. 음성 딥페이크 탐지 방법은 영상 딥페이크 탐지와 기본적으로는 같지만, 영상과 음성의 다른 성질로 인해 세부적으로는 다른 과정을 거친다. 음성을 분석하고 탐지하는 과정은 이미지의 처리와 어떻게 다른지 설명한다.

8장은 딥페이크 탐지의 어려움에는 어떤 면이 있는지 살펴본다. 잡음, 압축, 계속 발전하는 생성 모델 등 탐지를 어렵게 하는 여러 요인을 알아보고, 어떤 방법으로 해결하면 좋을지 살펴본다.

9장은 딥페이크 탐지 성능 향상을 위해 고안된 여러 방법을 소개한다. 지금도 전 세계에서 매일 새로운 방법을 연구하고 있는데, 대부분의 연구실에서 연구하는 방법이 거의 실시간으로 공유되므로 여러 곳에서 유사한 방법이 만들어진다. 기술이 어떤 시점에 어느 정도 발전하면 그다음에 무엇을 해야 할지 대부분의 연구자가 비슷한 생각을 하게 되기 때문이다. 그리고 하나의 좋은 기법이 발표되면 그와 유사하면서도 개선된 방법이 계속해서 나온다. 따라서 이 책에서는 국내 연구자 중에서 세계적으로 영상 딥페이크 탐색 연구를 선도하는 그룹의 하나인 중앙대학교 최종원 교수 연구실에서 국제 학술대회에 발표한 여러 가지 방법과, 음성 딥페이크 탐색에 관해 필자가 발표한 내용 위주로 소개한다. 다른 세계적인 연구자가 발표한 내용도 거의 같은 개념이라고 생각하면 된다. 필자가 포함된 연구 그룹에서 2022년 공개한 음성 딥페이크 탐색 방법인 AASIST(Jung, 2022) 등은 아직도 세계적인 연구자들이 자신들의 연구 내용을 발표할 때 성능 비교 대상으로 사용하고 있다. 그 안에는 현재까지 연구자들이 사용하는 대부분의 개념이 포함되어 있다. 이렇게 외국의 연구 결과보다 국내 연구자의 성과를 주로 소개하는 이유는 독자들에게 우리나라 인공지능 연구 수준이 어떤 분야에서는 이미 세계적으로 앞서 있다는 것을 보여 주기 위해서다. 최근 중국에서 딥시크(Deepseek)를 발표하자, 우리나라는 뭘 하고 있냐고 한탄하는 사람이 많은데, 우리나라도 이미 세계적인 수준이지만 그것을 아는 사람이 많지 않다. 현재 그러한 언어 모델을 만든 국가는 우리나라를 포함해서 10개가 되지 않을 정도다. 예를 들어, LG AI연구원이 2024년 12월 공개한 '엑사원 3.5' 모델 등이 있다(장세민, 2025).

마지막으로 10장은 앞으로의 딥페이크 탐지 연구 방향을 제시한다. 딥페이크 탐지는 새로운 생성 방법에 지속적으로 대응해야 하므로, 컴퓨터 보안과 유사한 특성이 있다. 즉, 공격 기법은 계속 발전하고, 미래에 어떤 공격을 받게 될지 아무도 모르기 때문에, 새로운 공격이 있을 때 즉시 방어할 수 있는 대책을 세우거나, 혹은 미래에 나올 공격 방법을 예측해 방어하는 방법이 있어야 한다. 현재의 인공지능 학습 방법은 기본적으로 진품과 가짜 데이터를 대량으로 모아 두 가지를 분류하는 방법을 사용하는데, 이에 반해 진품 데이터만으로 인공지능을 학습해 진품이 아닌 것은 모두 가짜로 판별하는 방법이 연구되고 있다. 또 새로운 생성 데이터가 생겼을 때, 기존에 학습을 완료한 인공지능을 어떻게 추가로 학습하는가 하는 문제는 인공지능 전 분야에 걸친 난제다. 어떤 샘플을 가짜라고 판별했을 때 왜 그렇게 판단하는지 근거를 설명하는 것도 중요한 과제다. '설명할 수 있는 인공지능'의 필요성은 인공지능 전 분야에서 대두되고 있는데, 법정에서의 다툼 등 논쟁이 있을 수 있는 딥페이크 탐지 영역에서는 그 필요성이 더 크다고 할 수 있다.

참고문헌

이경전(2020.5.18). [전문가 포럼] 자동화와 연결이 일자리 만든다. ≪한국경제≫, https://www.hankyung.com/opinion/article/2020051803031

장세민(2025.2.12). LG '엑사원 3.5', 에포크 AI '주목할 만한 AI' 등재…국내 파운데이션 모델로 3년4개월만. ≪AI타임스≫, https://www.aitimes.com/news/articleView.html?idxno=167939

Chen, H. & Magramo, K.(2024.2.4). Finance worker pays out $25 million after video call with deepfake 'chief financial officer'. CNN, https://edition.cnn.com/2024/02/04/asia/deepfake-cfo-sc

am-hong-kong-intl-hnk/index.html

Jung, J. W., et al.(2022). AASIST: Audio anti-spoofing using integrated spectro-temporal graph attention networks. 2022 IEEE International Conference on Acoustics, Speech and Signal Processing(ICASSP).

01
딥페이크의 역사 및 사회적 대처

딥페이크 기술이 발전하기 한참 전부터
음성이나 사진 등을 조작하는 시도는 있어 왔고,
이를 탐지하는 기술도 따라서 발전해 왔다.
초창기에는 음성이나 사진을 편집해
조작하려는 시도가 있었고, 최근에 딥러닝
기술이 발전하면서 더 정교한 생성 방법이
개발되고, 이에 대한 탐지 기술도 함께
발전했다. 또 딥페이크에 의한 사회적 문제를
해결하기 위해 각국에서 법령과 콘텐츠 자격
증명 표준 등을 만들고 있다.

AI와 1인 창업?

음성 딥페이크 탐지

최근 가짜 사진이나 동영상, 음성 등에 의해 많은 사회적 문제가 야기되면서 딥페이크라는 키워드에 사람들이 관심을 가지게 되었다. 사진이나 음성 등 멀티미디어를 조작하고, 또 이를 탐지하는 것은 오래전부터 있었던 일이다. 1970년대 이전에는 자기 테이프 내용을 복사해 붙이는 방법으로 특정한 사람이 말하지 않은 것을 만들어 내거나 혹은 범죄의 증거를 없애는 데 이용했다. 일반적으로 법정에서 사용하는 음성 녹음 증거물은 편집 가능성이 있어 재판에서 증거로 채택할 때는 매우 까다로운 조건을 부과한다. 그래서 오래전부터 자기 테이프에 녹음된 음성이 편집되었는지를 찾아내는 연구가 있었다. 이후 컴퓨터로 음성을 더 쉽게 편집할 수 있게 되면서, 법정 증거물이 편집되었는지를 탐지하는 방법도 연구되었다(양일호 외, 2014).

컴퓨터를 이용해 사람의 목소리를 만들어 내는 것을 음성 합성이라고 하는데, 이러한 연구는 1950년대 이전부터 시작되었고, 인공지능이라는 용어도 이 무렵에 만들어졌다. 음성 합성은 텍스트 안에 있는 음소를 차례대로 소리로 바꾸면 되므로 컴퓨터로 이미지를 만드는 것에 비하면 쉬운 일이었다. 그러나 초기의 방법으로 만든 음성은 영화 〈스타워즈〉에 나오는 로봇처럼 매우 부자연스러웠다. 이후 지속적으로 연구가 진행되어, 통계적인 모델을 사용하면서 점점 더 자연스러운 음성을 만들 수 있었지만, 사람을 속이는 것은 불가능했다. 최근에 딥러닝이 발전해 대량의 음성으로 학습하면서 비로소 사람이 구분하기 어려울 정도로 자연스럽게 발전했다.

음성 연구 분야에서 가짜 음성을 찾아내는 것은 범죄수사 목적 이외에도, 음성을 이용한 보안의 한 방편으로 오래전부터 연구됐다. 지문이나 비밀번호 대신 음성을 이용해 컴퓨터에 로그인하거나 문을 통과하는 보안 기능이 있는데, 여기에 녹음기로 다른 사람의 목소리를 녹음해서 문을 통과하는 내용의 영화가 만들어지기도 했다. 음성을 이용해 출입문 등의 보안 활동을 하는 것을 화자 인증이라고 하는데, 이 시스템을 뚫기 위해 녹음기를 사용하거나 음성을 변조하거나 합성기를 이용하는 방법에 대한 문제가 대두되면서 이를 탐지하기 위한 연구가 시작되었다.

세계적으로 이러한 연구가 공동으로 시작된 것은 ASVspoof(automatic speaker verification and spoofing countermeasures challenge: 자동 화자 인증 및 위조 대책 경진 대회)로, 2015년에 많은 연구자가 모여서 진짜

음성과 가짜 음성을 모아 놓고, 전 세계의 관련 연구자가 이를 이용해 가짜 음성을 구분하는 기술을 만들어 경쟁하는 것이었다(Wu, 2015). 지금도 2~3년의 주기로 새로 나온 기술로 만들어진 음성을 대상으로 판별하는 경쟁을 하고 있다. 그런데 초기 음성 생성 기술의 수준은 지금에 비하면 매우 낮아서, 컴퓨터로 만들어 낸 음성을 인공지능이 탐지하는 것은 매우 쉬운 일이었다. 그래서 마이크로 받은 음성이 사람이 발성한 것인지 녹음을 재생한 것인지를 알아내는 연구가 주로 진행되었다.

그런데 최근 들어 딥러닝 기술과 하드웨어 기술이 발달하면서 점점 생성된 음성이나 이미지의 품질이 높아져 지금은 사람이 구분하기 어렵고, 예전의 판별 기법으로는 탐지하기 어려운 것이 많이 만들어졌다. 그래서 최근에는 녹음된 음성보다는 인공지능으로 생성한 음성을 탐지하는 연구에 더 집중하고 있다. 그리고 이러한 딥페이크 기술을 이용한 보이스 피싱 등 사람을 속이는 사건이 자주 발생하면서, 화자 인증의 보안을 목적으로 하는 것이 아니어도 가짜 음성을 탐지하는 기술에 관한 연구가 활발하게 진행되고 있다.

영상 딥페이크 탐지

음성 변조처럼 이미지 위조도 빈번하게 시도되었다. 사진을 편집했다는 사실이 나중에 발각되어 사진 콘테스트 수상작이 취소되는 경우도 있었다. 컴퓨터 앱을 이용해 누구나 쉽게 사진을 편집할 수 있기 때문에 생기는 문제다. 사진도 음성처럼 법정 증거로 제출되는 경우가 많으므로 여기서 조작된 사진을 찾아내는 기술도 많이 연구되었다.

화자 인증 기술과 마찬가지로 얼굴을 이용한 보안 기술도 많이 개발되었고, 이러한 보안을 뚫기 위해 사람의 얼굴 대신 사진을 사용하는 것 등을 막기 위한 기술도 개발되었다(Chakka, 2011). 이를 위해 사진과 실제 얼굴의 움직임의 차이, 질감, 눈 깜빡임 등이 사용되었다. 이렇게 가짜를 사용해 얼굴, 음성 등을 이용한 생채 보안을 공격하는 기술을 스푸핑(spoofing)이라고 하며, 그것을 방어하는 기술을 안티스푸핑(antispoofing)이라고 한다. 딥페이크라는 말은 2017년 레딧(Reddit: 미국의 소셜 뉴스 웹사이트)에서 'deepfakes'라는 닉네임의 사용자가 만들었다고 알려져 있다. 이 무렵부터 딥페이크를 탐지하기 위한 연구도 활발하게 진행되었다.

이 외에도 인공지능을 속이는 적대적 공격이라는 것

이 있는데, 이것은 사람에게는 정상적으로 보이지만 인공지능에게만 다르게 보이도록 하는 것이다. 예를 들어 사람에게는 정지 표지판으로 보이는 것을 기계에는 직진 표지판으로 보이게 만들어 자율 주행 자동차를 속일 수도 있다. 이것은 인공지능의 약점을 이용해, 사람의 눈에는 보이지 않는 노이즈를 그림에 추가해 기계가 전혀 다른 것으로 인식하도록 하는 것이다. 이에 대비하는 연구도 역시 진행되고 있다.

딥페이크에 대한 사회적 대처 현황

딥페이크에 의한 피해는 오래전부터 예견되어, 우리나라에서는 10여 년 전부터 필자를 포함한 여러 대학과 기업, 연구소의 연구자가 탐지를 위한 연구를 진행하고 있다. 이러한 기술은 세계 최고의 관련 학술 대회인 CVPR(conference on computer vision and pattern recognition: 컴퓨터 비전과 패턴 인식 국제 학술 대회), ICASSP(international conference on acoustics, speech, and signal processing: 음향, 음성, 신호처리 국제 학술 대회) 등에서 발표되었다(Choi, 2024; Shin, 2024). 또 이러한 기술을 적용한 소프트웨어도 출시되고 있다. 대검찰청은 딥페이크 탐지를 위해 2024년 '첨단 기술 융합형 차세대 검찰 포렌식 기술 개발 R&D 사업'을 진행한다고 발표했다(김소희 · 박기석, 2024). 국립과학수사연구원 등에서도 이를 위한 연구를 시작했다. 경찰에서는 '딥페이크 탐지 소프트웨어'를 사용해 딥페이크 영상 수사를 하고 있고, 범죄 수사와 예방, 국가 안전 관리 등 업무 전반에 인공지능 활용을 확대하기 위해 'AI 치안 활용 전략 수립 TF'를 출범했다(이강준, 2024). 2024년 9월에는 국가인공지능위원회 출범식이 있었다. 이 위원회에서는 가짜 뉴스와 딥페이크 기술을 악용한 인권 침해 사례 등에 대한 논의도 있었다.

딥페이크에 대응하는 법규나 제도도 활발히 논의되고 있다. 여기에는 딥페이크의 피해자나 생성형 인공지능을 개발 또는 활용하는 개인, 기업 등 다양한 사람의 입장이 복잡하게 얽혀 있다. 딥페이크로 인한 피해를 방지하기 위해, 우리나라 「성폭력범죄의처벌등에관한특례법」 제14조의2에서는 허위 영상물을 만드는 사람에 대한 처벌을 명시하고 있다. 2023년 12월 28일 신설된 「공직선거법」 제82조의8에서는 선거일 전 90일부터 선거일까지 선거 운동을 위하여 딥페이크 영상 등을 이용하는 것을 금지했다. 또 그 기간이 아닌 때에는 해당 정보가 인공지능 기술 등을 이용해 만든 가상의 정보라는 사실을 명확하게 인식할 수 있도록 표시해야 한다고 규정하고 있다. 좀 더 폭넓게, 'AI기본법'이 2024년 12월 26일에 국회를 통과했다(김치연 · 이정현, 2024.12). 여기서는 생성형 AI를 이용한 서비스를 제공하는 사업자는 AI를 사용했다는 사실을 이용자에게 명확히 알리도록 했다.

미국 바이든 행정부는 2023년 10월 '안전하고 신뢰할 수 있는 인공지능의 개발 및 이용에 관한 행정 명령(Executive Order on the Safe, Secure, and Trustworthy Development and Use of Artificial Intelligence)'을 발표했다. 유럽 연합(EU)은 인공지능에 관한 일반법인 'AI Act'를 2024년 입법하고 유럽집행위원회가 '고위험 AI 시스템'의 이용과 법 집행의 가이드라인을 마련하도록 했다(김법연, 2024). 중국은 2023년 8월 세계 최초로 생성형 AI 법 규제를 도입했는데, 생성형 AI 서비스를 제공하기 위해서는 당국의 허가를 받아야 할 수 있게 하는 등 강력한 법률을 시행하고 있다(김현정, 2024).

또한 콘텐츠 자격 증명을 위하여 '콘텐츠 출처 및 진위 확인을 위한 연합(Coalition for Content Provenance and Authenticity, C2PA)'이 만들어졌다. 이 표준을 지키면 사진을 찍을 때부터 누가 언제 어디서 찍었는지에 대한 기록이 남고, 이것을 편집하거나, 업로드 · 다운로드하는 모든 과정에 대한 기록이 남아 사용자가 쉽게 이 정보에 접근할 수 있다. 어도비, 구글, 마이크로소프트, 메타, 아마존, 인텔, 틱톡 등 기업과 영국 BBC, 일본 NHK 등 미디어 회사, 소니 등 카메라 제조사 등이 참여하고, 우리나라에서는 네이버, 이스트소프트, 삼성 등이 참여하고 있다. 삼성은 신형 스마트폰 갤럭시S25 시리즈에 콘텐츠 자격 증명 기술을 탑재하게 된다(김성태, 2025). 자격 증명은 워터마크라는 기술을 사용하기도 하는데, 정보를 사람이 느낄 수 없는 미세한 노이즈처럼 만들어 사진이나 음성에 넣는 것이다. 이를 없애기 위해서 노이즈와 같이 작은 신호를 모두 지워 버리거나, 다른 노이즈를 더 첨가하여 정보를 읽을 수 없게 하는 것도 가능하므로, 이에 대한 방지책도 계속하여 연구하고 있다.

이렇게 딥페이크로 인한 피해가 급증하면서 각국에서는 생성형 인공지능의 사용에 대한 규제를 강화하고 있다. 그러나 상대적으로 규제가 약한 국가에서 기술 발전과 사용이 계속될 경우, 규제가 강한 국가의 기업들이 불리해질 수 있으므로, 이를 적절히 조절하기 위한 논의도 이어지고 있다. 또 현재 많은 생성 모델 코드가 공개되어 개인이 직접 불법적으로 자격 증명 없이 미디어를 생성하는 것이 가능하므로, 가짜 미디어를 탐지하는 기술이 필수적이라고 할 수 있다.

참고문헌

김법연(2024). 생성형 AI 의 법적 문제와 규제 논의 동향. ≪정보화정책≫, 31(3), 한국지능정보사회진흥원.

김성태(2025.1.29). 삼성도 '콘텐츠 자격증명' 탑재…딥페이크·가짜뉴스 막을까. ≪서울경제≫, https://www.sedaily.com/NewsView/2GNVQV6Y0I

김소희 · 박기석 (2024.4.1). "분명 그 검사 목소린데"…검찰, '딥보이스' 탐지기술 등 86억 규모 연구개발 시행한다. ≪서울신문≫, https://www.seoul.co.kr/news/society/2024/04/01/20240401500181

김치연 · 이정현(2024.12.26). 인공지능 산업 지원·규제 근거 마련…'AI기본법' 국회 통과. ≪연합뉴스≫, https://www.yna.co.kr/view/AKR20241226084351001

김현정(2024.2). 생성형 인공지능에 관한 중국의 규제 및 주요이슈에 관한 분석. ≪대한정치학회보≫, 32(1).

법제처(2024.3.21). 딥페이크 관련 해외 입법동향, https://moleg.go.kr > boardDownloadPDF

양일호 외(2014). 법음성학에서의 오디오 신호의 위변조 구간 자동 검출 방법 연구. ≪말소리와 음성과학≫, 6(2), 21-28쪽, 한국음성학회.

이강준(2024.11.15). "AI 범죄는 AI로 막아야"…경찰, AI수사 컨트롤타워 만든다. ≪머니투데이≫, https://news.mt.co.kr/mtview.php?no=2024111409191548

949
Chakka, M. M., et al.(2011). Competition on counter measures to 2-D facial spoofing attacks. 2011 International Joint Conference on Biometrics(IJCB). Washington, DC, USA, pp.1-6.
Choi, J. W., et al.(2024). Exploiting style latent flows for generalizing video Deepfake detection. Conference on Computer Vision and Pattern Recognition 2024(CVPR2024).
Shin, H. S., et al.(2024). HM-Conformer: A conformer-based audio deepfake detection system with hierarchical pooling and multi-level classification token aggregation methods. IEEE International Conference on Acoustics, Speech and Signal Processing(ICASSP). IEEE.
Wu, Z., et al.(2015). ASVspoof 2015: the first automatic speaker verification spoofing and countermeasures challenge. Interspeech 2015.

02
딥러닝

딥페이크(deepfake)에서 '딥(deep)'은 현재 인공지능의 핵심 기술인 딥러닝(deep learning)을 말하고, '페이크(fake)'는 가짜라는 의미다. 따라서 딥러닝에 대한 이해 없이는 딥페이크의 생성과 탐지에 대한 이해가 어려울 수 있다. 딥러닝은 현재 인공지능의 발전을 가져온 기본 기술로, 대량의 데이터로부터 기계가 스스로 학습하는 알고리즘을 말한다.

AI와 MBTI?

딥페이크에서 딥의 의미

딥페이크는 '딥'과 '페이크'가 붙어서 만들어진 말이다. 여기서 '페이크'는 '가짜'라는 뜻이므로 가짜로 만들어진 영상이나 음성을 말하는 것이다. 그런데 앞에 붙어 있는 '딥'은 무슨 의미일까? 여기서 '딥'은 최근 인공지능에서 많이 사용되는 딥러닝(deep learning)에서 앞의 딥(deep)만 따온 것이다. 그러면 딥러닝은 무엇인가?

'딥'이란 말 그대로 '깊다'는 뜻이다. 그러면 무엇이 깊은 것일까? 사람으로 치면 생각이 깊은 것이라고 해도 틀린 말은 아니다. 여기서는 생각하는 단계가 아주 많다는 뜻이다. 한 사람이 자동차 한 대를 처음부터 설계하고 완성하는 것은 매우 어렵다. 하지만 일반적인 자동차 공장에서는 한 사람이 모든 과정을 다 수행하지 않는다. 자동차를 만들기 위해서는 상당히 많은 단계가 필요하다. 어떤 사람은 차체를 만들고, 어떤 사람은 덮개를 만들고, 이렇게 여러 단계를 거치며 자동차가 완성된다. 한 사람의 작업자는 그중에서 한 가지만 한다. 어떤 사람은 용접을 하거나 나사를 조이는 등의 단순한 일만 한다. 각 사람이 하는 일은 전체 공정에 비하면 상당히 단순해 보이지만, 이런 일을 하는 사람이 여러 단계에서 각각 주어진 작업을 함으로써 아주 복잡한 완성차를 만들게 된다. 또 다른 예로, 우리가 수학 문제를 푸는 과정을 생각해 보자. 당연히 수많은 단계가 있을 것이고, 만일 주관식 문제에서 우리가 과정을 쓰지 않고 답만 쓴다면 좋은 점수를 받을 수 없을 것이다. 딥러닝이란 이렇게 단계적으로 깊이 있게 생각하며 문제를 해결해 나가는 방법이라고 할 수 있다.

현재 인공지능의 기본은 신경망

현재 인공지능에서 사용하는 신경망도 이와 같은 원리로 동작한다. 신경망은 처음에 동물의 뇌세포를 연구하고 그것을 모방하여 만들어졌다. 인간이나 동물의 뇌에는 매우 많은 신경 세포가 연결되어 있는데, 이것을 뉴런이라고 부른다. 하나의 뉴런이 하는 일은 매우 단순하며, 대부분의 뉴런이 같은 기능을 한다. 예를 들어 우리가 눈으로 사물을 관찰하는 과정을 살펴보자. 우리의 눈에는 빛을 받아들이는 망막이 있고, 망막의 수많은 점 같은 빛 센서가 이미지를 받아들인다. 그러면 그 센서에서 나온 신호는 신경 세포로 전달되는데, 하나의 뉴런은 여러 개의 센서로부터 입력을 받는다. 하나의 뉴런은 눈에서 받아들인 신호 여러 개를 받아서, 그 각각의 신호를 위치에 따라 미리 정해진 크기로 키우거나 줄인다. 이와 같은 뉴런의 기능을 수학적으로 표현한 것을 인공 신경망 또는 신경망이라고 한다.

수학적으로 말하면 입력되는 여러 개의 숫자가 있으면 거기에 각각 숫자마다 정해진 값을 곱하는 것이다. 그래서 어느 곳으로 들어오는 값은 큰 값이 곱해져서 더 커지고, 어느 곳으로 들어오는 값은 작은 값이 곱해져서 작아지도록 한다. 그리고 이렇게 곱해진 값들을 전부 더해서 그 더한 값이 어느 일정한 값보다 커지면 그 뉴런이 활성화된다. 뉴런이 활성화되면 다른 여러 뉴런에게 신호를 보낸다. 그러면 다른 뉴런은 앞의 뉴런과 같은 과정으로 활성화되어 또 다른 뉴런들로 신호를 보낸다. 신경망은 이렇게 간단한 역할을 하는 뉴런들이 매우 많이 연결되어 동작하는 것이다. 하나의 뉴런은 이렇게 단순한 작업을 하지만 앞서 설명한 자동차 공장처럼 단순한 작업이 계속해서 연결되면서 복잡한 기능을 할 수 있게 된다.

이제 사람이 눈으로 어떤 사람을 보고 그 사람이 누구인지 알아내는 과정을 상상해 보자. 우리 눈에 비친 것은 앞에 서 있는 사람의 이미지가 될 것이다. 제일 앞에 있는 뉴런은 우리가 눈으로 본 이미지에서 점이나 가로선, 세로선, 사선, 곡선 등이 있는지 찾아내 알려 주는 역할을 한다. 그 뉴런이 연결된 이미지 부분에 가로선이 있는지, 세로선이 있는지, 또 그것이 어디에 있는지를 찾아내는 것은 매우 단순한 일이므로 이런 단순한 뉴런도 그런 것을 할 수 있다. 지금 이러한 작업을 하는 뉴런들은 한데 모여 있고 그것이 하나의 층을 이루게 된다. 그러면 그다음 층에는 또 많은 뉴런이 모여 있고, 그 층은 앞에 있는 층 안에 있는 뉴런들이 알려 준 가로선과 세로선 등을 이용해 이것이 어떤 모양인지를 알아낸다. 우리의 눈앞에 동그라미가 있거나 사각형이 있거나 이런 것들을 알아낼 수가 있는 것이다. 그리고 그 결과를 또 다음 층에 보낸다. 그다음 층에서는 그 정보들을 이용해 눈이 어디 있는지, 코가 어디 있는지를 찾아낸다. 또 그다음 층에 있는 뉴런들은 그것을 이용해 사람 얼굴이 어디 있는지 찾아내게 된다. 또 그다음 층에 있는 뉴런들은 그 사람 얼굴에 포함된 눈이나 코와 입의 모양을 보고 그 사람이 기억 속에 있는 누구와 가장 비슷하게 생겼는지를 알아낼 수가 있다. 이렇게 단순한 작업이 계속해서 이어지면 복잡한 얼굴을 구분할 수 있게 되는 것이다. 이 과정을 컴퓨터 프로그램으로 구현해 인공지능이 구성되면 많은 일을 할 수 있다. 지금은 고작 몇 단계 정도로 설명했지만, 실제로는 이러한 단계가 100단계 정도로 많아질 수 있다. 이렇게 층이 많은 것을 깊다고 표현해 심층 신경망(deep neural networks)이라고 한다. 각 단계는 아주 단순하고, 각 단계마다 점점 이미지의 내용이 뚜렷하게 나타난다. 이 같은 방식으로 컴퓨터가 이미지를 인식할 수 있게 된다.

인공지능의 학습 과정은 바로 최적화

그렇다면 이제 문제는 이러한 신경망이 어떻게 학습해서 눈앞에 있는 사람의 얼굴이 누구의 얼굴인지를 알아내느냐 하는 것이다. 사람의 얼굴을 보고 그것이 왜 누구의 얼굴이라고 생각하는지를 설명한다는 것은 매우 어려운 일이다. 예를 들어 눈이 크다거나 처졌다거나 코가 높다거나 이런 식으로 일일이 설명해서 수억 명의 사람 중에 어떤 특정한 사람을 찾아내기는 매우 어려울 것이다. 하지만 사람들은 여러 사람의 얼굴을 자주 보면 자신도 모르게 말로 설명하기 어려운 그 사람의 특징을 학습해 사람을 쉽게 구분할 수 있게 된다. 마찬가지로 컴퓨터로 신경망을 학습시키기 위해서는 특징을 하나하나 설명해 주기보다는, 많은 이미지를 보여 주고 그 이미지가 무엇인지 알려 주면 된다. 예를 들어, 고양이 이미지를 보여 주면 고양이를 담당하는 뉴런이 활성화되어 이것은 고양이라는 신호를 내보내고, 강아지 이미지를 보여 주면 역시 강아지를 담당하는 뉴런이 활성화되도록 신경망을 학습시킨다. 앞서 설명한 것과 같이 어느 하나의 뉴런의 출력은 받아들이는 입력에 어떤 값을 곱하느냐에 따라 달라지는데, 이 값을 가중치라고 한다. 그래서 신경망을 학습시킨다는 것은 그 가중치가 적절히 정해져서, 고양이의 신호가 들어오면 고양이 출력을 담당하는 뉴런이 깨어나도록 하는 것이다. 가중치를 잘 정해 주면 신경망이 우리가 원하는 작업을 할 수 있도록 만들 수 있다. 그러면 이 가중치는 어떻게 정해 줄 수 있을까?

예를 들어 우리가 샤워하는 상황을 고려해 보자. 여기에 온수와 냉수의 양을 각각 조절하는 손잡이가 있다. 예전에는 냉수와 온수의 양을 각각 조절하는 수도꼭지가 두 개 있는 것이 일반적이었고, 최근에는 하나의 손잡이를 상하좌우로 돌려서 조절하는 것을 주로 사용한다. 이 손잡이를 들어 올리거나 적절하게 조절해서 샤워하기 적당한 물의 온도와 세기를 얻는 것이 우리의 목표다. 우리의 손은 그다지 정밀하지 않으므로 처음에 손잡이를 적당히 올려서 일단 물이 나오게 할 것이다. 그러면 현재 상태에서 나의 만족도를 측정한다. 물의 온도와 세기가 내가 샤워하기에 적당한가? 만약에 그렇지 않다면 손잡이를 조절해 온수 또는 냉수의 양을 조절해야 할 것이다. 먼저 손잡이를 오른쪽으로 약간 돌려 보고, 또 왼쪽으로 약간 돌려 보자. 이렇게 해서 오른쪽으로 돌렸을 때와 왼쪽으로 돌렸을 때 어느 것이 더 나의 만족도를 높이는지를 본다. 그리고 더 좋은 쪽으로 손잡이를 약간 수정한다. 그다음에는 위아래로 돌려서 어느 쪽이 나의 만족도를 높이는지를 본다. 물론 사선 방향으로도 돌릴 수 있다. 이것을 계속해서 반복하면 만족도가 점점 높아지는 쪽으로 조절이 될 것이다. 어느 순간에는 물이 너무 뜨거워지거나 차가워져서, 또는 물이 너무 세거나 약해져서 만족도가 더 줄어드는 때도 있을 것이다. 하지만 계속해서 손잡이를 조금씩 움직이는 작업을 하면 결국은 내가 만족하는 정도까지 이를 수 있을 것이다.

딥러닝을 학습하는 방법도 이와 마찬가지다. 여기서 중요한 것은 제일 먼저 목표를 정하는 것이다. 딥러닝에 어떤 입력이 주어졌을 때 어떤 출력이 나오는 것을 원하는지를 먼저 정해야 한다. 진짜와 가짜를 구분하는 성능이 가장 높아지도록 하는 것, 또는 실물에 더 가까운 그림을 그리게 하는 것, 또는 현재 경제 상황을 입력해 앞으로의 주가를 예측할 때 출력된 주가가 틀리지 않고 잘 맞게 하는 것 등 모든 것이 우리의 목표가 될 수 있다. 어떤 기계든지 목표만 정확하다면 결국 만들어 낼 수 있을 것이다. 목표에 도달한 정도를 수치로 알려 주는 것을 목적 함수라고 한다. 앞의 샤워 꼭지 예에서는 냉수와 온수 각각을 위한 꼭지가 둘이거나, 하나의 손잡이에서 우리가 움직일 수 있는 방향이 상하와 좌우 둘이므로 모두 변수가 두 개 있는 함수라고 볼 수 있다. 하지만 우리가 실제로 인공지능에서 사용하는 딥러닝 모델은 그러한 변수가 수천억 개 이상으로 많아질 수 있다. 만약 샤워 꼭지가 수천억 개 있다면 그것을 모두 조금씩 돌려서 우리가 원하는 상태로 만드는 것이라고 생각하면 된다.

하나의 손잡이는 상하좌우 방향으로 움직일 수 있으므로, 이 손잡이의 끝이 움직일 수 있는 영역은 둥근 면이 될 것이다. 이 둥근 면에서 손잡이의 끝이 어디에 있느냐에 따라서 나의 만족도는 달라진다. 그러면 우리의 문제는 나의 만족도가 최대가 되는 그 지점을 찾는 것이다.

물론 이렇게 조금씩 조절해 보고 가장 좋은 점을 찾는 방법은 매우 단순하지만 변수가 많으므로 엄청나게 시간이 오래 걸릴 것이다. 이것을 좀 더 쉽게 하는 방법은 우리가 고등학교 과정에서 배우는 미분을 사용하는 것이다. 미분은 기울기를 계산하는 방법이다. 산속에 있으면 바닥은 대부분 평평하지 않고 기울어져 있다. 어두워서 앞이 전혀 보이지 않는 밤에 깊은 산속에서 아래쪽으로 내려가야 하는 상황에 있다고 하자. 그렇다면 우리는 바닥의 경사를 보고 그 경사를 따라 아래쪽으로 내려가면 될 것이다. 산에 있을 때 우리의 위치는 동서 방향과 남북 방향의 두 가지 변수로 표현할 수 있다. 이 변수를 파라미터라고 한다. 이동한다는 것은 위치를 바꾸는 것이고, 그렇다면 그것은 우리의 동서남북 좌표를 바꾸는 것과 같다. 즉 파라미터를 바꾸는 것이다. 그리고 현재 높이는 목표에 대한 달성 정도라고 생각할 수 있다. 우리의 목표는 최대한 낮은 곳으로 내려가는 것이므로, 현재 높이에 따라서 목적 함수가 계산된다. 어느 방향으로 가야 우리가 원하는 곳이 있는지 볼 수 없지만 위치를 이동함으로써 현재의 높이를 조금씩 바꾸어 최종적으로 낮은 위치까지 내려갈 수 있다. 즉, 가장 낮은 위치에 있는 목표 지점이 어디 있는지 알 수 없는 상황에서 오로지 현재 위치에서 기울기만을 보고 무조건 아래로 내려가는 것이다. 이 방법을 경사 하강법이라고 한다. 미분을 이용해 기울기를 계산한 다음, 낮은 쪽으로 이동해 우리의 목적을 이루는 방향으로 파라미터를 조절하게 된다. 이것은 수학이나 경제학 등에서 최적화 방식이라고 부른다. 우리가 최적의 만족을 얻을 수 있도록 파라미터들을 조절하는 것이다. 예를 들어 우리가 재테크를 한다고 할 때 주식이나 예금, 부동산 투자 등 여러 곳에 얼마를 어떻게 투자할지 정하는 것도 최적화라고 할 수 있다. 그 목적은 경제적인 이익을 극대화하는 것이고, 여기에서 변수는 각각 투자하는 비율, 재산의 비율 정도가 될 것이다.

정리하면, 딥러닝을 학습시킨다는 것은 변수가 수천억 개 이상 될 정도로 거대한 함수를 만든 다음 우리가 원하는 답이 나올 때까지 그 변수의 값들을 조금씩 바꾸어 가며 최적화하는 것이다.

참고문헌

Prince, S.(2023). *Understanding Deep Learning*. The MIT Press, https://mitpress.mit.edu/9780262048644/understanding-deep-learning/

03
잠재 공간을 이용한 멀티미디어 생성

딥러닝에서는 잠재 공간을 이용해 텍스트, 그림, 음성 등을 생성한다. 잠재 공간이란 현실 세계와는 다른 수학적인 공간으로, 현실 세계의 모든 것은 그 잠재 공간의 한 점에 대응한다. 같은 내용의 문장, 그림, 음성 등이 그 잠재 공간에서는 모두 같은 점에 대응하므로, 우리는 그것을 이용해 우리가 원하는 내용의 문장이나 그림, 음성 등을 서로 교차해 만들어 낼 수 있다.

AI와 난임 극복?

잠재 공간이란

인공지능이 어떤 그림이나 소리, 문장 등을 만들어 내는 과정을 여기서는 잠재 공간이라는 개념으로 설명하기로 한다. 간단히 말하면, 인공지능의 멀티미디어 생성 과정은 잠재 공간이라고 하는 어떤 공간에서 우리가 원하는 것을 찾아서 가져오는 것이라고도 설명할 수 있다. 잠재 공간이란 우리가 살고 있는 공간 외에 존재하는 다른 공간이라고 생각하면 된다.

예를 들어, 『이상한 나라의 앨리스』에 나오는 그 이상한 나라, 또는 영화에 가끔 나오는 4차원이나 5차원 세계 등 어느 것을 상상해도 좋다. 잠재 공간을 설명하기 위해 잠재 공간을 어떤 이상한 나라라고 생각해 보자. 우리가 다루는 그림이든 음성이든 문서든 모든 것이 이 이상한 나라에 사는 사람들이라고 하자. 이 이상한 나라에는 사람들이 아파트에 살고 있는데 그 사람들이 사는 층수나 동호수에 따라서 그 사람의 특성이 대충 정해진다고 생각하자. 예를 들어 고층에 사는 사람은 전망이 좋고 조용한 것을 선호하고, 저층에 사는 사람은 걸어 다닐 수 있는 편리성이나 안정성 등을 선호하는 사람들일 수 있다. 동에 따라서도 입구에 가까운 곳을 선호하는 사람은 편리성을 중시하고 입구에서 멀리 떨어진 동에 사는 사람은 조용하고 쾌적한 환경을 더 원한다고 가정할 수 있다. 여기서 좀 더 나가서 남자와 여자가 각각 모여 사는 곳이 다르고, 원로와 젊은 사람, 어린이가 사는 곳이 다르고, 직업, 성격 등에 따라 사는 곳이 다르다고 하자. 전혀 말이 되지 않는다고 흥분하는 사람도 있겠지만, 이것은 현실 세계가 아니고 이상한 나라이므로 뭐든지 상상할 수 있다.

그러면 그 나라의 사람들을 동과 층과 호수에 따라서 나눌 수 있는데 이 세 가지를 우리는 차원이라고 부른다. 동과 층과 호수의 세 가지이므로 이것을 3차원이라고 부른다. 이 차원의 수를 더 크게 하면 우리는 더 다양한 사람들을 모을 수 있는데, 예를 들어 여기에 아파트 단지를 추가하면 차원이 하나 늘어서 4차원 공간이 된다. 즉, 어떤 사람이 사는 곳은 몇 단지, 몇 동, 몇 층, 몇 호라는 4차원 공간의 위치 즉 4개의 값으로 정할 수 있다. 여기에 무슨 아파트인지 어느 동네인지 어느 시인지 어느 나라인지 이렇게 계속해서 붙이면 차원을 계속해서 늘려 나갈 수 있다. 차원이 계속해서 커지면 국가를 넘어 대륙이나 다른 행성이나 다른 은하계처럼 점점 차원을 늘려 갈 수 있다. 차원을 계속해서 늘리면 점점 더 다양한 종류의 사람을 만나볼 수 있게 될 것이다. 그 이상한 나라에서는 어떤 사람이 어디에 살고 있는지를 알면 그 사람이 어떤 사람인지 알 수가 있다. 즉 우리는 그 사람이 사는 위치를 보고 그 사람을 분별할 수 있는 것이다. 인공지능에서 다루는 데이터 대부분은 이런 공간에서의 점으로 표현된다. 그 점의 위치를 수학에서는 벡터라고 부른다.

반대로 우리가 어떤 사람을 만들어 내고 싶다면, 즉 우리가 사는 세계에서의 어떤 그림이나 음성 등을 만들고 싶다면, 잠재 공간에서 우리가 원하는 특성을 가진 사람이 살고 있는 위치를 찾아가면 된다. 그 위치를 찾아가서 그 집에 살고 있는 사람을 데리고 나오면 된다. 그 집 근처에는 비슷하지만 약간씩 다른 사람들이 살고 있으므로, 그중에서 한 사람만 불러온다면, 우리는 무엇인가를 만들 때마다 새로운 것을 만들어 낼 수가 있게 되는 것이다. 또한 그 층이나 동은 정수가 아니라 실수가 될 수 있다. 즉, 1.5층이나 3.14동 등이 존재할 수 있다. 우리가 숫자를 생각했을 때 정수를 사용하지 않고 실수를 사용한다면, 즉 소수점으로 되어 있는 숫자를 사용한다면, 영과 일 사이에도 무한히 많은 실수가 존재한다. 그러므로 그 무한히 많은 숫자 중에서 하나를 골라 오는데, 같은 사람을 선택하는 경우는 거의 없을 것이다. 그 이상한 나라에서 사람을 한 명 데리고 나오면 우리가 사는 세계에서는 그것이 우리가 원하는 그림이 되거나 음성이 되거나 문서가 될 수 있다.

요즘 유행하는 MBTI는 사람을 4차원 공간으로 보내는 것이라고 할 수 있다. E/I, S/N 등 그 4차원 공간에서 어떤 사람은 내성적이고 어떤 사람은 외향적이다. 이런 식으로 한 차원에서 어느 곳에 있느냐에 따라서 그 사람의 성격이 정해진다. 어떤 사람을 MBTI에 따라 분류할 수 있는 것처럼, 우리가 원하는 성격의 사람을 만들고 싶으면 해당하는 MBTI 공간에 있는 여러 사람 중에서 한 명을 불러내면 된다.

인공지능을 학습한다는 것은 먼저 이렇게 적당한 잠재 공간을 만들고, 현 세계에 있는 어떤 사물을 이 잠재 공간으로 보내도록 하는 것이다. 데이터를 잠재 공간으로 보내는 것을 인코딩(encoding)한다고 하고, 그런 기능을 하는 것을 인코더(encoder)라고 한다. 반대로 잠재 공간에서 현 세계로 가져오는 것을 디코딩(decoding)한다고 하고, 디코더(decoder)가 그 기능을 한다.

실제로 인공지능에서 사용하는 공간은 1,000차원 이상의 고차원이 될 수 있으므로, 우리가 살고 있는 3차원 세계와 비교하면 매우 큰 공간이라고 할 수 있다. 그래서 우리가 가지고 있는 모든 사물, 즉 그림이나 음성이나 문서 같은 것을 그 큰 공간에 보낼 수 있는 것이다.

그런데 차원이 이렇게 커서 1000차원 공간의 어느 위치에 어떤 사람을 보내거나 어떤 사람을 불러오는 것은 매우 힘든 일이 될 것이다. 그래서 인공지능에서는 많은 계산량이 필요하다. 좋은 잠재 공간이란 무엇일까? 잠재 공간은 그 차원 수가 너무 크지 않고 적당히 작을수록 좋을 것이다. 그래야 공간이 그리 크지 않아서 사람을 보내거나 데려올 때 찾는 데 시간이 오래 걸리지 않을 것이다. 아까 보았던 그 이상한 나라에 1000개의 차원이 있다면 우리는 어떤 사람을 찾기 위해 1000개 항목으로 되어 있는 주소가 필요할 것이다.

잠재 공간 만들기

그렇다면 이런 잠재 공간은 어떻게 만들 수가 있을까? 인공지능의 학습 과정에서 잠재 공간을 만들 때, 처음에는 무작위로 공간을 만든다. 그리고 현 세계에 있는 사물을 그 잠재 공간으로 보내는 함수를 또 무작위로 만들게 된다. 그리고 그 잠재 공간에 있는 어떤 사람을 다시 현 세계로 불러왔을 때 과연 우리가 앞서 보낸 사람과 다시 불러온 사람이 똑같은 사람인지를 보면 된다. 이 두 사람이 똑같다면 우리는 그 잠재 공간을 아주 잘 만든 것이다. 물론 처음에는 잠재 공간이나 인코더나 디코더를 랜덤하게 만들었으므로 전혀 다른 사람이 나오게 될 것이다. 하지만 일반적인 딥러닝 학습 방법과 마찬가지로, 그 잠재 공간과 보내고 받는 함수를 조금씩 바꾸어 가면서 우리가 보낸 것과 거기서 가져온 것이 똑같은지를 계속해서 보게 된다. 그래서 우리가 보낸 것과 우리가 받은 것이 일치할 때까지 이런 학습을 계속 시키게 된다.

현 세계에서 우리가 가지고 있는 데이터가 예를 들어 사진 한 장이라면, 우리가 보통 휴대폰으로 찍은 사진이 5메가픽셀이므로 매우 큰 데이터라고 할 수 있다. 그림의 각 점을 하나의 차원이라고 한다면 우리가 가지고 있는 5메가픽셀 이미지는 500만 차원 공간에 있는 하나의 점으로 볼 수 있다. 즉, 각 점을 한 차원이라고 하면 그 점의 밝기에 따라 다른 위치가 되는 것이다. 이것을 잠재 공간으로 보내면 500만 차원에 있는 것을 1000차원 정도의 공간으로 보내는 것이므로 데이터를 압축하는 효과가 있다. 여기서는 데이터가 5000분의 1의 크기로 줄어들게 되는 것이다. 500만 개의 점으로 이루어진 그림을 1000개의 주소로 표현할 수 있기 때문이다. 일반적으로 잠재 공간은 우리가 살고 있는 3차원 공간에 비하면 매우 큰 '고차원' 공간이지만, 500만 차원의 그림에 비하면 '저차원'이다.

이 잠재 공간을 이용해 우리가 원하는 것을 글로 쓰면 그것을 얻을 수가 있다. 예를 들어 맑은 하늘 아래 푸른 초원에서 소들이 한가롭게 풀을 뜯고 있는 그림을 원한다고 하자. 우리가 이렇게 원하는 것을 글로 쓰면, 언어 모델은 그 내용을 저 잠재 공간의 한 곳으로 보내 준다. 그 잠재 공간 중에서 그 점은 푸른 초원과 맑은 하늘과 풀을 뜯는 소가 있는 그러한 공간이 될 것이다. 그러면 그 점으로 가서 그 점 근처에 있는 많은 점 중에 하나를 선택해 다시 그것을 현 세계로 가지고 오면 된다.

현실 세계에서의 그림 한 장이 잠재 공간에서의 점 하나와 같다는 것에 대해 아직도 의아해하는 독자가 있을 것이다. 그림 한 장이 저쪽 세상에서의 점 하나라면 이 세상에 존재하는 무수히 많은 그림과 앞으로 만들어질 그림의 개수를 모두 포함하면 엄청난 양의 무한한 그림이 만들어질 텐데 그것을 어떻게 모두 그 잠재 공간에서의 하나의 점으로 표현할 수가 있다는 것인가. 그런데 여기서 말하는 잠재 공간의 차원이 1000차원 이상이라는 것을 생각하면 그 공간의 크기는 실제로 우리가 상상하는 것 이상으로 크다는 것을 알 수 있다.

공간의 차원이란

그러면 차원이란 무엇인가에 대해 다시 생각해 보자. 집이 철로를 따라 한 줄로 이어져 있는 것을 상상해 보자. 그 철로는 하나의 중심점이 있고, 모든 집은 그 중심점으로부터의 거리에 따라서 주소를 정할 수 있을 것이다. 이 세상의 모든 집이 단독 주택이고 하나의 선을 따라 존재한다면 주소는 하나의 숫자만으로 충분하다. 즉 어떤 기준점을 중심으로 하여 그 점부터의 거리를 번지수로 하면 어떤 집이든지 찾을 수 있다. 이 선은 무한히 길기 때문에 여기는 무한히 많은 집이 있을 수가 있고 그 안에 사는 사람도 무한히 많이 있을 수 있다. 그리고 그 주소는 실수로 되어 있으므로 아주 작은 구간에도 또 무한히 많은 집이 있을 수 있다. 이것은 1차원 세계다.

다음 2차원으로 넘어가 보자. 2차원에서는 집들이 평면으로 펼쳐져 있다. 즉, 집들이 남북 방향으로 배열되어 있고 또 동서 방향으로도 있다고 생각해 보자. 그렇다면 어떤 집의 위치는 남북 방향 위치를 표현하는 숫자 하나와 동서 방향을 표현하는 숫자 하나로 해서 2개의 숫자로 이루어진 주소로 만들 수가 있을 것이다. 즉, 어떤 중심점을 기준으로 하여 동쪽으로 몇 번째, 남쪽으로 몇 번째 집이라는 2개의 숫자만 있으면 그 집의 위치를 표현할 수가 있다. 이것을 우리는 2차원이라고 한다. 2개의 숫자로 위치를 표현하기 때문에 2차원이 되는 것이다.

앞의 1차원 세계와 비교하면 2차원 세계에는 더 많은 집이 있을 수 있다는 것을 알 수 있다. 물론 둘 다 무한대의 집이 있으므로 수학적으로는 단순하게 어느 곳이 더 많은지 비교할 수 없다.

다음은 모든 집을 높은 빌딩으로 만들었다고 생각해 보자. 그렇다면 하나의 집의 위치는 동서 방향의 위치와 남북 방향의 위치, 그리고 그 높이, 즉 층수라고 하는 3개의 숫자로 표현해야 할 것이다. 이것을 우리는 3차원이라고 부른다. 이 3차원 세계의 집의 수는 앞서 본 1차원과 2차원 세계의 집에 비해 어마어마하게 많다는 것을 알 수가 있을 것이다. 이런 식으로 우리는 차원을 4차원, 5차원…으로 계속 늘려 나갈 수가 있다. 차원이 하나 늘어날수록 그 크기는 단순히 몇 배 정도가 아니라 어마어마하게 증가하기 때문에 이것이 1000차원이 된다면 그 공간의 크기가 어떨지는 우리의 상상의 범위를 벗어난다.

이제 여러분이 생각할 수 있는 가장 큰 숫자를 하나 생각해 보자. 1차원 세계에는 그 숫자만큼의 집이 있다. 2

차원에는 그 숫자 곱하기 그 숫자만큼, 즉 그 숫자의 제곱만큼의 집이 있다. 그리고 3차원 공간에는 거기에 다시 그 숫자를 곱한 만큼의 수의 집이 있다. 이렇게 차원이 하나 늘어날 때마다 그 안에 있는 집의 수는 그 개수를 곱한 만큼 늘어나는 것이다. 그러므로 우리가 이 세상에 있는 모든 그림과 앞으로 나올 모든 그림을 다 따지더라도 저 1000차원 공간의 점의 수는 그 모든 그림의 개수보다도 충분히 많아질 수 있는 것이다.

그런데 다시 앞에서 말했던 아파트의 위치에 따른 사람의 분류 문제로 돌아가서 따져 보자. 어떻게 사람이 그 사람이 사는 층수와 동에 따라서 구분이 되는지 말이 안 된다고 생각하는 사람이 있을 것이다. 사실은 그것이 옳은 생각이다. 사람을 그런 요소에 따라 명확히 구분한다는 것은 대단히 어려운 일이다. 지역에 따라 같은 층에 살더라도 다른 사람이 있을 수 있기 때문이다. 즉, 사람의 특징은 단지 층에 의해 결정되는 것이 아니라 그 사람이 어느 지역 어느 단지 어느 동 어느 열 어느 층에 살고 있는가에 따라 복잡하게 달라질 수 있는 것이다. 따라서 현 세계에 있는 사물을 우리가 만든 잠재 공간에서 하나의 변수로 완벽하게 구분하는 것은 매우 어려운 일이고 여러 요소가 조합되어 구분된다고 할 수 있다. 단 여기서 이상적인 잠재 공간은 우리가 원하는 형태대로 하나의 변수가 어떤 특성을 완벽하게 구분 지을 수 있도록 하는 것이다. 인공지능이 잘 학습되었다고 하는 것은 그런 이상적인 잠재 공간에 가까운 것을 만들어 내는 것이라고 할 수 있다.

잠재 공간을 이용한 멀티미디어 생성 과정

그러면 이제 현실 세계에서 우리가 원하는 어떤 사람을 만들고 싶을 때 먼저 잠재 공간으로 가서 어떤 특성의 사람들이 살고 있는 집으로 간 후에 그 근처에 있는 무수히 많은 사람 중에서 한 사람을 데려오는 방법을 정리해 보자. 그 많은 사람도 약간씩 다른 점을 가지고 있을 것이다. 이때는 우리가 주사위를 굴려서 주사위의 숫자에 해당하는 사람을 데리고 오면 된다. 어떤 지역에는 무수히 많은 사람이 살고 있으므로, 그 주사위에 있는 숫자도 무수히 많이 있어야 할 것이다. 그리고 그 많은 사람 중에서 어떤 사람을 선택하는가 하는 것은 주사위처럼 단순하게 정할 수도 있지만 더 복잡한 방식을 취할 수도 있다. 그 상황에 따라 어떤 사람이 더 많이 선택될지는 확률을 정하는 여러 가지 방법의 하나를 선택할 수 있을 것이다. 통계학에는 여러 가지 통계 모델이 있는데, 그런 여러 가지 모델 중에서 하나를 이용해 그 사람을 정할 수 있다.

현 세계에 존재하는 모든 것은 그 잠재 공간으로 보낼 수가 있는데, 예를 들어, "모자를 쓴 고양이가 말을 타고 달리고 있다"라는 텍스트가 있다면, 언어 모델이 그것을 잠재 공간의 특정한 위치의 점으로 보낸다. 그 문장을 말로 읽었다면, 그 음성도 그 잠재 공간으로 이동되면 같은 위치의 점으로 갈 것이다. 그러한 내용의 그림도 같은 점이 될 것이고, 그 문장을 영어로 읽거나 일본어로 읽어도 같은 점으로 가도록 만들면 된다. 그것을 이용하면 영어와 한국어를 서로 통역하도록 할 수 있고, 그림을 문장으로 설명하거나, 주어진 문장에 해당하는 그림을 그리거나, 문장에서 음성을 만들거나 하는 등 다양한 변형을 만들어 낼 수 있다.

정리하면, 인공지능으로 그림이나 음성 같은 사물을 생성하는 것은 현 세계의 개념이 잘 축약되어 정리되어 있는 잠재 공간을 만드는 것과, 현실 세계에 있는 것을 그곳에 보내는 인코더를 만들고, 그곳에 있는 한 점을 가져와서 현실 세계의 사물과 같게 만드는 디코더를 만드는 것이라고 할 수 있다.

참고문헌

Liu, Y., et al.(2019). Latent space cartography: Visual analysis of vector space embeddings. *Computer Graphics Forum*. 38(3): pp.67–78.

04

인공지능을 이용한 멀티미디어 생성 과정

인공지능이 그림을 그리는 과정은 이미지를 분석해서 개념을 뽑아내는 과정과, 개념에서 다시 이미지를 만드는 과정으로 나누어 볼 수 있다. 먼저 이미지에 필터를 적용해 점, 선 등의 특징을 뽑아내고, 여기서 좀 더 추상적인 내용을 계속해서 추출해 개념을 나타내는 공간인 잠재 공간으로 보낸다. 잠재 공간 내의 개념으로부터 그림을 그릴 때는 이와 정반대 과정을 거치면 된다.

AI와 사주?

인코더: 그림에서 개념으로

앞에서 인공지능의 미디어 생성 과정은 현 세계에 존재하는 것을 개념을 표현하는 잠재 공간으로 보내고 그것을 다시 현실 세계로 가져오는 것이라고 설명했다. 현실 세계에서 가상 공간으로 보내는 것을 인코더(encoder)라고 하고, 가상 공간에서 현실 세계로 가져오는 것을 디코더(decoder)라고 한다. 그러면 인코더는 현실 세계의 미디어를 어떻게 가상 세계로 보내는지, 또 가상 세계에 있는 것을 현실 세계로 가져오는 디코더는 어떻게 만드는지가 중요한 과제가 될 것이다. 이 인코더와 디코더를 어떻게 잘 만드느냐에 따라 생성물의 품질이 좌우될 것이다.

먼저 이미지를 어떻게 가상 세계로 보내는지 보도록 하자. 그림은 보통 사각형 안에 있는 점들로 구성된다. 우리가 일반적으로 스마트폰으로 찍은 고품질 사진은 대략 500만 개 정도의 점이 되는데 이 점들을 화소 또는 픽셀(pixel)이라고 부른다. 500만 개의 점은 각각 세 가지의 색으로 되어 있으므로, 하나의 점은 세 개의 숫자로 저장이 된다.

이 사진을 가상 세계로 보내기 위해서는 이 점들을 모두 그대로 보내는 것이 아니라, 그림에 있는 특징들을 찾아서 그 특징들만을 보내는 것이 좋을 것이다. 예를 들어, 푸른 하늘 아래 드넓게 펼쳐져 있는 푸른 초원에 말이 한 마리 있다고 하자. 그리고 그 말 위에 고양이가 타고 있다고 하자. 우리는 이 내용을 다른 사람에게 전달할 수 있고, 그 사람은 그 내용을 받아서 머릿속이나 노트에 기록해 놓았다가 그에 해당하는 그림을 그릴 수가 있다. 사진에서 하늘, 말 등의 내용을 찾아내기 위해서는 먼저 그 사진 안에 어떤 선들이 있는지, 그리고 선으로 둘러싸인 영역은 어떤 색깔인지, 그 안에 어떤 무늬가 있는지, 그 선의 모양은 어떤 것인지, 직선인지 곡선인지 또는 수직선인지, 수평선인지, 사선인지, 이러한 것을 먼저 찾아내야 할 것이다. 그림에서 이 특징들을 찾아내는 것을 필터라고 한다. 공기 청정기 안에 있는 필터가 신선한 공기를 통과시키고 먼지는 걸러내는 것처럼, 우리가 사용하는 필터는 그림에서 그 필터가 담당하는 어떤 특정한 내용만 뽑아내도록 만들어진다. 공기 청정기 안에는 여러 개의 필터가 있는데, 공기가 들어가면 가장 먼저 입자 크기가 큰 먼지가 걸러지고, 그다음 그보다 작은 미세 입자를 거른다. 이런 식으로 여러 층의 필터를 거치면서 최종적으로 초미세 먼지가 걸러진 깨끗한 공기가 배출될 것이다.

이와 마찬가지로, 딥러닝 모델의 첫 번째 층에서 어떤 필터는 그림에서 가로선만 통과시키고, 어떤 필터는 그림에서 세로선만 찾아내는 역할을 한다. 이러한 필터를 예전에는 사람이 하나하나 설계했지만, 지금은 인공지능이 자동으로 학습하게 하는 알고리즘이 사용되고 있다. 그래서 이런 여러 종류의 필터를 사람이 정해 주는 것이 아니라 이미지의 내용을 잘 찾아낼 수 있는 특징을 찾기 위한 여러 가지 필터가 학습된다.

심층 신경망의 첫 번째 층에 있는 필터들이 이미지 안에 있는 선이나 면 등을 찾아내면, 그 정보는 그다음 층으로 넘어가게 된다. 그다음 층에 있는 필터는 그 정보를 받아서 필요한 좀 더 고차원적인 특징을 뽑아내게 된다. 예를 들어 우리가 사람의 얼굴을 찾아내는 것이 목적이라면, 그 그림에서 찾아낸 선, 면 등으로부터 사람의 눈이나 입 모양과 같은 것이 있는지를 찾아내는 필터들이 만들어질 것이다. 이러한 여러 가지 필터가 찾아낸 정보는 그다음 층으로 넘어가고, 그다음 층에서는 이렇게 얻은 눈, 코, 입 등의 정보를 가지고 사람의 얼굴이 어디 있는지 찾아낼 수 있을 것이다. 이것은 수십 개 이상의 층으로 나누어 처리된다.

이렇게 오염된 공기가 필터를 통과하면 깨끗한 공기

만 나오는 것처럼, 이미지가 필터를 통과하면 한 가지 종류의 특징만 강조되고 다른 내용은 제거된 새로운 그림이 나오게 되므로, 그 그림의 크기는 필터를 통과할 때마다 작아지게 된다. 대신 특징별로 그림이 만들어지므로 그림의 개수가 늘어난다. 즉, 가로선만 있는 그림, 세로선만 있는 그림 등 많은 그림이 만들어진다.

최종적으로 우리가 원하는 것이 사람의 얼굴을 보고 누구인지를 분간하는 것이라면, 맨 마지막에 있는 층의 필터에서는 어떤 특정한 사람만 찾아내는 역할을 하는 필터들이 있게 될 것이다. 우리가 알고 있는 사람의 수가 1000명이라면 맨 마지막에는 1000개의 필터가 있어서 각각의 필터는 어떤 특정한 사람의 얼굴이 나타났을 때만 그것을 찾아내는 역할을 할 것이다. 인공지능에서 이러한 필터의 역할을 하는 것을 컨볼루션(convolution) 또는 합성곱 필터라고 부른다. 그래서 수십 개에서 100개 정도의 층으로 이루어져 있고, 각 층에는 이러한 필터가 또 수십 개에서 수천 개 또는 수만 개 이상 있는 그런 층이 만들어진다. 이렇게 서로 다른 필터로 이루어진 각 층을 지날 때마다 그림은 점점 더 추상적으로 변해 가고, 많은 층을 지난 정보는 그 양이 원래 이미지의 크기에 비하면 훨씬 적은 양이 될 것이다. 예를 들어 개, 고양이,

쥐의 세 종류를 구분하는 층에서 나오는 결과라면 신호등처럼 빨강, 초록, 노랑의 세 가지 점만 있어서, 개라면 빨강색만 켜지고 나머지는 꺼지는 형태가 될 것이다.

그림을 인코딩하는 딥러닝 모델이라면 최종 뉴런의 개수는 잠재 공간의 차원과 같아지게 된다. 잠재 공간의 차원이 1000이라면 최종 층에 있는 뉴런 개수가 1000개가 되고 각각의 뉴런에서는 어떤 값이 나오게 되는데, 그 값들은 그 잠재 공간 안에 있는 어떤 위치를 가리키는 주소의 역할을 한다. 즉, 어떤 그림이 입력되면 최종적으로 그 그림의 내용에 해당하는 잠재 공간의 위치가 나오게 된다. 이렇게 하면 어떤 이미지든 입력이 되면 그것을 잠재 공간에 있는 어떤 점으로 보내는 역할을 하게 될 것이다.

디코더: 개념으로부터 그림으로

이제 우리가 어떤 그림을 만들고자 한다고 하자. 우리가 원하는 내용에 해당하는 잠재 공간의 어떤 점을 찾았을 때 이것을 다시 현실 세계에 있는 이미지로 변환해서 가져오려면 어떻게 하면 좋을까? 앞에서 했던 인코더 과정을 반대로 하면 디코더가 된다. 필터의 반대 역할을 하는 것을 역필터라고 부른다. 앞에서 예로 든 공기 청정기에서, 반대로 뒤편에서 신선한 공기를 넣은 다음 각각의 필터가 아까 걸러낸 먼지를 추가해 반대 방향으로 보내면 최종적으로 원래의 오염된 공기가 만들어질 것이다. 이미지에서도 어떤 특징을 뽑아내는 필터가 만들어졌으면 그것을 반대로 하면 어떤 특징에서 이미지를 뽑아낼 수 있을 것이다. 그래서 잠재 공간의 어떤 위치에 있는 점을 가져오는 과정에서는, 그것이 역필터에 의해서 추상적인 이미지로 변환되고, 그것이 다시 많은 층을 거치면서 점점 더 현실적인 그림이 된다. 그래서 초반부에는 매우 추상적, 개략적이고 작은 그림이 만들어지지만, 이것이 층을 거치면서 점점 정밀해지고 그림의 세세한 부분까지 추가되어 최종적으로 현실 세계와 유사한 그림이 만들어지는 것이다. 인코더 과정에서 그림의 크기가 점점 작아지고 개수가 많아지는 것처럼, 그 반대인 디코더 과정에서는 층을 통과할수록 그림의 크기가 점점 커진다. 그래서 점점 더 선명한 그림이 만들어지는 것이다. 이때, 여기서 사용되는 필터나 역필터의 크기는 그림의 크기에 비하면 매우 작은 것으로, 우리가 빗자루로 큰 방을 청소할 때처럼 필터가 움직이며 전체 그림에서 그 필터가 담당한 정보만 추출하게 된다. 우리가 빗자루로 바닥을 쓸듯이 필터가 움직이며 그림에 적용되는데, 이러한 특징 때문에 최종 그림에는 우리 눈에는 보이지 않는 미세한 특징이 나타나, 이것을 이용해 이것이 딥페이크인지 알아낼 수 있다. 우리가 작은 붓으로 그림을 그리면 그림에 붓 자국이 남는 것과 같다고 할 수 있다.

우리가 흔히 사용하는 인공지능 그림 제작 도구는 텍스트를 입력하면 그에 해당하는 그림을 그리게 되어 있다. 우리가 입력한 문장은 인코더 역할을 하는 언어 모델에 의해 잠재 공간의 한 점에 대응하게 되고, 그 점으로부터 디코더 역할을 하는 역필터를 이용해 다시 현실 세계의 그림을 만들게 되는 것이다.

인공지능의 음성 분석과 생성

음성도 이미지와 같은 원리로 만들어진다. 하지만 음성과 이미지는 차이점이 있으므로 당연히 분석이나 생성 방법도 다르게 된다. 우리가 생각하기에 그림과 음성은 완전히 다르게 보이지만 물리적인 구조는 어느 정도 유사성을 가지고 있다. 그림이 가로세로로 배열된 점들의 집합이라면 소리는 한 줄로 배열된 점들이다. 그림은 일반적으로 직사각형의 형태인데 그 크기가 보통 일정하다. 우리가 스마트폰으로 사진을 찍으면 대체로 정해진 크기의 그림이 만들어진다. 그림은 가로와 세로 두 가지 방향이 있으므로 2차원이라고 말하는데, 음성은 시간 축만 존재하므로 1차원 데이터라고 할 수 있다. 기본적으로 이미지나 음성을 다루는 데 이렇게 차원만 다를 뿐 처리하는 방법은 비슷해진다. 단 음성은 이미지와 다르게 크기가 고정되어 있지 않다는 차이점이 있다. 음성은 길이가 길 수도 있고 짧을 수도 있다.

그리고 음성은 그림과는 달리 주기성이 있는데 주기성이란 같은 것이 계속해서 반복되는 성질이다. 예를 들어, 그림에서 넓은 벌판에 차가 한 대 있다고 하면, 음성에서는 차가 한 대 있는 것보다는 같은 차가 일렬로 계속해서 줄지어 있는 상태와 같은 것이다. 그러면 우리 귀는 그것을 차로 인식하지만 만일 차가 한 대만 있다면 그것은 잡음 같은 형태로 인식된다. 예를 들어 막대기 두 개를 서로 부딪치면 딱 소리가 나는데 이것은 주기성이 없는 소리다. 그렇지만 우리가 '아'라고 발음하면 '아'라는 형태가 계속해서 이어지게 되고, 우리 귀는 그것을 받아들여서 그 소리가 무엇인지를 알아듣게 된다. 고등학교에서 배우는 사인파는 같은 형태가 주기적으로 계속해서 반복되는 형태다. 여기서 반복되는 시간 길이를 주기라고 하고 그것의 역수를 주파수라고 하는데, 주파수란 우리가 귀로 느낄 때 고음이냐 저음이냐 하는 차이를 나타낸다. 오디오에는 이렇게 다양한 주파수를 가진 사인 파형이 여러 가지 크기로 섞여 있다. 그래서 사람의 귀는 높이가 다양한 소리의 크기를 받아들여서 그것이 어떤 소리인지를 구분한다.

앞에서의 이미지와 마찬가지로 음성도 필터를 이용해 어떤 높이의 소리가 얼마만큼 있는지를 찾아낸다. 그런데 음성은 이미지와 달리 길이가 다르므로 음성을 분석할 때는 음성을 일정한 길이로 잘라서 분석한다. 예를 들면 음성을 10분의 1초 정도 길이로 나눈 다음 각각 조각에 어떤 주파수 성분이 얼마나 있는지 필터를 이용해서 찾아내면 그 소리가 '아'인지 '어'인지를 알아낼 수 있다. 그리고 이러한 음소들이 연결되어 어떤 단어를 만들고 그 단어들이 연결되어 문장을 만드는데, 앞에서 이미지를 분석할 때와 마찬가지로 여러 층의 필터를 거치면 결국 그 문장이 의미하는 것을 찾아낼 수 있다. 그러면 그것을 의미 공간인 잠재 공간으로 보낼 수 있고, 그 잠재 공간에서 다시 역으로 필터를 적용하면 어떤 개념으로부터 오디오 음성을 만들어 낼 수 있다.

앞에서 본 것과 같이 2차원 도화지에 붓으로 그림을 그리기 위해서는 가로 방향, 세로 방향으로 붓질을 해야 하지만, 음성은 빨랫줄처럼 한 줄로만 되어 있으므로, 빨랫줄을 색칠한다면 붓을 한 방향으로만 움직이면 된다. 그러나 이때 붓을 떼지 않고 연속해서 움직이는 것이 아니라 그림과 마찬가지로 빨랫줄에 색을 칠할 때도 위치에 따라 붓에 가해지는 힘이 달라진다. 하나의 붓을 연속해서 적용하는 게 아니라 그림 그릴 때 붓질하듯이 나누어진 구간에 따라 각각 붓질을 해야 하므로 이때도 마찬가지로 붓질 자국이 남게 된다. 즉, 역필터를 적용한 흔적이 남게 되고, 이것을 잘 찾아내면 가짜 음성인지를 알아낼 수 있다.

참고문헌

Rabiner, L. R. & Schafer, R. W.(2007). Introduction to digital speech processing. *Foundations and Trends in Signal Processing.*

05

적대적 생성형 모델과 확산 모델

딥페이크 미디어를 만드는 방법 중에서 가장 많이 사용되는 것이 적대적 생성 모델(GAN)과 확산 모델이다. GAN은 가짜를 만드는 모델과 그것이 진짜인지 탐지하는 모델이 서로 경쟁하면서 성능을 높여 간다. 확산 모델은 그림에 잡음을 조금씩 추가해 결국은 전체가 잡음으로 변하는 과정을 만들고 이것을 거꾸로 하여, 잡음에서 시작해 그림을 만들어 간다.

AI와 아이돌?

적대적 생성 모델

인공지능을 사용해 그림이나 음성 등 멀티미디어를 생성하는 방법 중 현재까지 가장 많이 사용되고 있는 것은 적대적 생성 모델(generative adversarial network, GAN)이다. 적대적 생성 모델은 두 개의 인공지능 모델이 서로 경쟁하면서 성능을 높이는 방법을 사용한다. 이 방법을 만든 사람은 이것을, 위조지폐를 만드는 범인과 이를 탐지하는 경찰의 경쟁 상황으로 설명한다. 맨 처음이 범인은 초보적이고 단순한 방법으로 위조지폐를 만든다. 그러면 경찰은 이것이 위조인지 쉽게 알아낼 수 있다. 범인은 경찰이 어떻게 판별하는지를 알 수 있으므로, 판별의 실마리가 되는 것을 없애는 새로운 방법을 고안해 내 다시 위조지폐를 만든다. 그러면 경찰은 다시 새로 만들어진 위조지폐를 보고 새로운 판별의 실마리를 찾아낸다. 이 과정이 반복되면 위조지폐는 점점 더 정교해지고, 결국은 경찰이 찾아낼 수 없을 정도로 실물과 가까운 것이 만들어진다.

인공지능도 이와 같이 두 사람의 역할을 하는 두 부분으로 구성되어 가짜를 만들어 낸다. 위조 지폐범의 역할을 맡은 모델은 생성자(generator)라고 하고, 경찰의 역할을 맡은 모델은 판별자(discriminator)라고 부른다. 생성자가 만들어 낸 가짜 그림을 판별자가 진짜인지 가짜인지를 판별하는 과정에서 판별자의 출력은 0과 1 사이의 확률이 된다. 판별자는 진짜 그림과 생성자가 만들어 낸 가짜 그림을 보면서, 가짜를 보았을 때는 이것이 가짜일 확률이 1이라고 하고 진짜일 때는 0이라고 출력하도록 학습된다. 판별이 어려운 경우라면 확률이 0.5가 나올 수도 있을 것이다. 생성자가 만들어 낸 수많은 가짜와 진짜 그림 데이터를 가지고 그 두 가지를 구분하는 학습을 하게 되는 것이다.

생성자는 판별자가 위조품과 진품을 구분하는 과정을 모두 알고 있다. 판별자를 학습하는 과정에서는 만일 입력으로 진짜가 들어오면 0을 출력하도록 학습이 되는데, 만일 출력이 0이라면 정답이므로 그냥 가만히 있으면 되고, 만일 출력이 1이라면 틀린 것이므로 이것을 0으로 만들도록 중간 변수들을 수정한다. 만일 위조가 입력되었을 때는 1이 나와야 하는데 맞게 나오면 그대로 두면 되고, 만일 0이 나왔다면 틀린 것이므로 이 경우 출력이 1이 나오도록 변수를 수정한다. 판별자의 훈련이 끝나면 판별자는 생성자가 만들어 낸 모든 가짜에 대해서 정확히 판별할 수 있게 된다. 생성자는 판별자가 어떤 실마리를 보고 판별하는지를 모두 알고 있으므로, 생성자가 만든 위조가 입력되었을 때는 판별자의 출력이 1이 아니라 0으로 틀리게 나오도록 생성물을 수정한다. 생성자는 만들어 내는 모든 것이 진품으로 판별되도록, 즉 판별자의 출력이 모두 0이 될 때까지 계속해서 훈련한다. 그렇게 되면 판별자는 이제 생성자가 만들어 내는 것을 감별할 수 없게 된다. 그러면 다시 생성자가 새로 만들어 낸 것들을 다 모아서 또 진품과 구별하는 훈련을 한다. 그러고 나면 다시 새로 만든 가짜를 판별해 낼 수 있게 된다. 그러면 다시 생성자는 판별자가 판별할 수 없도록 만드는 방법을 학습한다. 이 과정을 반복하면 생성자는 점점 더 정교한 것을 만들어 낼 수 있게 되고, 결국 판별자는 생성자가 만들어 내는 완벽한 그림을 더 이상 구분할 수 없게 된다. 생성자는 판별자의 비밀을 모두 알고 있으므로 승리할 수 있는 것이다. 이와 다르게 판별자는 생성자가 만든 그림과 진품 그림만 보고 판별해야 하므로 생성자의 비밀을 알 수 없다. 최종적으로 판별자는 성능이 매우 낮아지지만, 생성자는 아주 진품에 가까운 것을 만들어 낼 수 있게 된다. 이런 원리를 이용해 그림이나 음성 등 여러 가지를 만들어 낼 수 있다.

확산 모델

적대적 생성형 모델보다 최근에 개발된 것으로 확산 모델(diffusion model)이 있다. 원리는 다음과 같다. 도시에서는 많은 별을 보기 어렵지만 어두운 밤에 시골에 가면 무수히 많은 별을 볼 수 있다. 이 별들은 얼핏 보기에는 불규칙하게 하늘에 마구 뿌려져 있는 것 같다. 하지만 우리가 하늘의 별을 무심코 오랫동안 쳐다보고 있으면 그 안에서 어떤 이미지를 발견할 수가 있다. 그래서 옛날 목동들은 밤에 들판에서 하늘의 별을 보며 양, 황소, 사자 등을 찾아내고, 많은 별자리 이름을 붙였다. 불규칙한 점들이지만 그것을 보면서 우리의 머릿속에 있는 어떤 이미지를 상상할 수가 있는 것이다. 이렇게 불규칙하게 흩어져 있는 점들에서 그림을 그리는 것과 비슷한 방법을 이용한 인공지능 생성 모델이 확산 모델이다. 확산이라는 것은 우리가 깨끗한 물에 잉크 한 방울을 떨어뜨렸을 때 그것이 퍼지는 물리적 현상을 말한다. 만일 잉크가 퍼지는 과정을 알고 있고 그 과정을 역으로 되돌릴 수 있다면 다시 깨끗한 물과 잉크를 얻을 수 있을 것이다.

우리가 고양이 그림을 한 장 가지고 있다고 생각해 보자. 그리고 수십 명이 한 줄로 서 있다. 그 그림에 스프레이로 물감을 한 번 살짝 뿌려 보자. 그리고 첫 번째 사람에게 이 그림을 원래의 깨끗한 그림으로 복원해 달라고 하면, 그 사람은 그 그림에서 살짝 흩뿌려진 물감의 점들을 찾아 적당히 지워서 원래 그림을 거의 복원할 수 있을 것이다. 이 그림에 다시 한번 스프레이로 물감을 살짝 뿌린 다음, 그다음 사람에게 두 번째 물감을 뿌리기 전의 상태로 복원해 보라고 하면 또 그렇게 할 수 있을 것이다. 이 과정을 딥러닝 모델이 학습하도록 하는 것이다.

이렇게 그림에 물감을 뿌리는 단계를 100번 이상 반복하면 결과적으로 그림 전체가 완전히 오염돼서 원래 형체를 전혀 알아볼 수 없는 그림이 될 것이다. 그림은 완전히 불규칙한 점들로 보일 것이다. 하지만 단계별로 물감이 흩뿌려지기 이전의 상태로 복원하는 작업을 하는 사람들이 있으므로, 완전히 불규칙한 점들로 이루어진 그림을 한 단계씩 복원해 나가면 결국은 원래 그림을 복원할 수 있을 것이다. 각 단계에서는 아주 적은 양의 물감만 뿌려서 원래 그림으로 복원하는 것은 쉬운 일이므로 이것을 신경망이 학습할 수 있다. 즉 어느 단계에서 그 단계 전과 후의 그림을 보여 주고, 후의 그림에서 직전 단계의 그림을 복원하도록 학습시키는 것이다.

여기서 우리가 뿌린 물감은 그림의 입장에서 보면 노이즈가 될 것이다. 원래의 깨끗한 이미지에 노이즈가 계속 추가되어 결국은 전체가 노이즈로 되어 있는 그림이 되는 것이다. 그 딥러닝 모델은 어떤 단계의 이미지를 받으면 이전 단계에서 어떤 노이즈가 추가되었는지를 예측해 그 점들을 찾아 지우도록 학습한다. 그 이미지에서 노이즈만 제거하면 전 단계의 이미지를 복원할 수가 있게 되는 것이다. 여기서 노이즈가 추가되는 과정을 순확산이라고 하고, 그 반대로 노이즈를 제거하는 과정을 역확산이라고 한다. 지금까지는 고양이 그림을 가지고 노이즈가 섞인 그림에서 깨끗한 그림을 복원하도록 학습했으므로, 어떤 형태든지 잡음으로만 이루어진 그림을 주면, 그 잡음의 형태에 따라서 서로 다른 고양이 그림들을 만들어 낼 것이다.

우리가 원하는 그림 그리기

그러면 이제 고양이뿐만 아니라 내가 원하는 다른 그림을 그리고 싶으면 어떻게 해야 할까? 앞서 한 줄로 서서 그림에 물감을 뿌리고, 지우는 일을 하는 사람들에게 "이건 강아지 그림이야"라고 알려 주면, 그 사람들은 그 그림이 강아지 그림이 되도록 복원할 것이다. 즉, 원래 그림이 무엇이냐에 따라서 어떤 노이즈가 뿌려졌는지를 파악하게 될 것이다. 우리가 고양이 그림을 가지고 딥러닝 모델을 학습할 때도 그 모델에게 이것은 고양이 그림이라는 정보를 주면 된다. 만약 그것이 강아지 그림이라면 강아지라는 정보를 주면 된다. 그러면 주어진 정보에 따라 다른 그림이 복원될 것이다. 그러면 고양이 또는 강아지라는 정보는 어떻게 주면 될까? 우리가 그림을 입력할 때 고양이를 표현하는 벡터(숫자들)를 같이 넣어 주면 된다. 고양이라는 정보는 앞에서 말한 잠재 공간에서 찾아오게 된다. 잠재 공간에서 고양이가 있는 위치의 주소를 벡터 형태로 가져와서 딥러닝 모델에게 알려 주면 그 정보에 따라서 고양이 그림이 만들어지게 된다.

우리는 원하는 그림을 그리려고 할 때 보통 텍스트를 사용해 내용을 입력한다. 예를 들어 모자를 쓰고 말을 타고 있는 고양이 그림을 그리고 싶다고 하자. 그러면 그 고양이는 개념을 표현하는 잠재 공간 안의 어느 위치엔가 존재할 것이다. 우리가 원하는 내용을 텍스트로 쓰면 이 텍스트를 처리하는 언어 모델은 텍스트를 그 잠재 공간에서 그 고양이가 있는 위치로 가도록 알려 줄 것이다. 그러면 그 위치를 딥러닝 모델에게 알려 주고 이미지를 복원하라고 하면 원하는 이미지가 복원될 것이다.

우리가 이런 모델을 학습할 때는 엄청나게 많은 그림과 그 그림을 설명하는 텍스트를 이용한다. 딥러닝 모델에 그림을 입력하면 저 잠재 공간 안에 있는 어느 점으로 이동하게 되고, 해당 텍스트도 어느 점으로 이동하게 되는데, 그 두 개의 점이 일치하도록 학습하면 된다. 그래서 그 그림과 맞지 않는 다른 텍스트를 넣었을 때는 각각의 점이 멀리 떨어지게 하고, 서로 일치하는 그림과 텍스트를 넣었을 때는 두 점이 가까워지도록 학습하게 된다.

참고문헌

Goodfellow, I., et al.(2014). Generative adversarial nets(PDF). Proceedings of the International Conference on Neural Information Processing Systems(NIPS 2014). pp.2672–2680.

Ho, J., Jain, A., & Abbeel, P.(2020). Denoising diffusion probabilistic models. *Advances in Neural Information Processing Systems*, 33, pp.6840–6851.

06
영상 딥페이크 탐지 방법

딥페이크 영상을 탐지하는 다양한 방법이 고안되었다. 먼저 생성 모델이 가지고 있는 허점을 발견하는 것이다. 하지만 이러한 허점은 생성 기술이 발전함에 따라 결국 없어지게 될 것이다. 다른 방법은 사람의 눈에 띄지 않는 주파수 성분의 특징을 찾아내는 것이다. 생성에 사용되는 역필터의 특성에 따라 특유의 주파수 특성이 나올 수 있는데, 그것을 탐지에 사용한다.

AI와 야구?

이미지를 보고 탐지할 수 있는 것들

딥페이크 기술로 생성한 이미지를 탐지하는 방법도 생성 기술의 발전에 따라 꾸준히 발전하고 있다. 아직은 생성 기술의 허점을 찾을 수 있는데, 예를 들어 최근의 강력한 인공지능 모델도 숫자에는 부족한 면이 있다. 가장 흔한 예는 사람의 손가락이 다섯 개가 아니고 그보다 많거나 적은 경우다. 그리고 주로 중심인물을 중점적으로 생성하고 배경에는 큰 노력을 들이지 않으므로, 중심인물과 배경 사이의 경계선이 부자연스럽거나 배경이 불완전한 경우가 생기는데, 이런 것들은 찾아내기가 그다지 어렵지 않다. 배경에 있는 물체의 밝기가 조명과 맞지 않는 경우도 찾을 수 있다. 이렇게 많은 오류는 주로 배경에서 찾을 수 있는데. 일반 사람들도 중심인물 외에 배경에는 별로 신경을 쓰지 않기 때문이다. 동영상에서도 마찬가지로 중심인물은 안정적으로 잘 나오는데 배경이 어색하게 바뀐다거나 하는 것들을 찾을 수 있다.

최근 딥페이크 이미지를 만드는 대상이 되는 것은 주로 사람의 얼굴이다. 먼저 어떤 행동을 하는 사람의 이미지나 동영상을 촬영한 후, 그 얼굴을 유명인의 얼굴로 바꾸어서 사람을 속이는 경우가 많다. 이때는 주로 사람의 눈, 코, 입만을 바꾸고, 배경이나 얼굴의 윤곽은 유지하게 된다. 이것을 페이스 스왑(face swap)이라고 한다. 그러면 원래 있던 사람의 얼굴과 끼워 넣은 사람의 피부색이 약간 다를 수도 있고 경계선이 어색하게 보이는 예도 있다. 또 이렇게 사람의 얼굴 바탕에 눈, 코, 입을 붙이다 보면 바탕이 된 얼굴이 바라보는 방향과 눈, 코, 입이 바라보는 방향이 어긋날 수 있다. 특히 동영상에서 얼굴이 바라보는 방향이 빠른 속도로 바뀌면 그 방향을 정확히 맞추어 따라가기 어려울 수 있다. 이 각도의 차이를 찾으면 그 이미지가 가짜인지 알아낼 수 있다. 먼저 이미지 내에서 사람의 얼굴이 어디 있는지 찾아내는 알고리즘과 얼굴의 외곽선이 바라보는 방향과 눈코입이 바라보는 방향을 알아내는 알고리즘을 만들어서 구현할 수 있다.

또 다른 방법은 얼굴에 흐르는 피에 따라서 색이 미세하게 변하는 현상을 찾는 것이다. 사람의 얼굴은 심장 박동으로 인해 혈액의 양이 달라지는데, 이에 따라서 얼굴의 색이 주기적으로 바뀐다. 우리는 이것을 감지하기 어렵지만, 동영상에서 이 미세한 움직임을 감지하면, 이 색이 전혀 변하지 않을 때 가짜임을 알 수 있다. 이러한 방법을 생리적 특징 검출(physiological feature detection)이라고 한다. 사람이라면 자연스럽게 나타나는 특징이 어긋나는지를 찾아내는 것이다.

그런데 이렇게 분명하게 눈에 띄는 문제점들은 그것을 개선하기 위한 연구가 지속되므로 생성 모델이 발전함에 따라 점점 더 찾아내기 어려워질 것이다. 이러한 영상 딥페이크 탐지 방법은 창과 방패의 싸움이기 때문에, 어떤 문제점을 활용해 딥페이크를 탐지하는 알고리즘을 발표하면 그다음에는 그것을 이기기 위한 알고리즘이 또 나오게 된다. 결국은 그러한 문제점을 점점 없애는 방향으로 생성 모델이 발전한다. 그래서 최종적으로 일반 사람이 눈으로 봐서는 탐지할 수 있는 문제점이 모두 제거된 완벽한 그림을 만들어 내게 될 것이다. 따라서 이렇게 사람이 눈으로 구분할 수 있는 특징보다는 구분할 수 없는 특징을 찾아야 할 것이다.

주파수 성분을 이용한 딥페이크 탐지

그러면 사람의 눈에 보이지 않는 특징은 어떤 것이 있을까? 이때 사용하는 것은 주파수 성분에서 특이한 점을 찾아내는 것이다. 소리에서 주파수 성분이라고 하면 그 소리가 높은 음인지 낮은 음인지를 구분하는 성분이다. 주파수는 신호가 얼마나 빨리 바뀌는가를 수치로 표현한 것이다. 이미지에서 주파수는 이미지가 주변에 있는 점들보다 얼마나 빨리 바뀌는가를 나타낸다. 예를 들어 이미지 안에 맑은 하늘이 있다면, 하늘에 있는 점들을 한 방향으로 따라가 보면 그 밝기가 그다지 많이 변하지 않을 것이다. 그런데 사람의 옷을 자세히 보면 그 안에 가느다란 실들이 얽혀 있고, 그러면 한 점과 그다음 점의 밝기는 급격하게 바뀔 것이다. 이렇게 이웃한 점들의 밝기가 급격하게 바뀌는 것은 주파수가 높은 것이고 크게 변하지 않는 것은 주파수가 낮은 것이다.

우리가 집 안에 있을 때 오래된 에어컨이나 냉장고 옆에 있으면 거기서 나는 특유한 일정한 높이의 소리를 들을 수 있다. 그 소리는 에어컨이나 냉장고를 만들 때 의도적으로 나오도록 만든 것은 아니고, 시간이 지나면서 부품이 마모되거나 부서지면 나올 수 있다.

그래서 이렇게 의도하지 않은 소리가 나면 우리는 그것을 듣고 에어컨인지 냉장고인지 구분하거나 정상인지 비정상인지 구분할 수 있다. 이미지에서도 마찬가지로 이미지를 만들 때 의도하지는 않았지만, 만드는 과정에서 생기는 어떤 주파수 성분이 있을 수 있다. 이것은 사람의 눈으로 봐서는 알 수 없지만 이미지에 신호 처리를 적용해서 주파수 성분의 값들을 구해 보면 찾을 수 있다. 예를 들어 카메라로 촬영한 이미지와 생성한 이미지의 주파수 성분을 비교해 보면, 생성형 모델을 이용해 만들어 낸 이미지에서 고주파 성분, 즉 점들의 값이 일반 이미지보다 더 급격하게 변화하는 현상이 일어나는 것을 찾을 수 있다. 생성된 이미지들은 일반 카메라로 촬영한 것보다 더 선명하게 보인다는 느낌이 드는 때도 있는데 그것은 고주파 성분이 강하게 나타나기 때문이다. 고주파 성분이 강해지면 이미지가 선명해지고, 저주파 성분이 많으면 우리가 부드럽다고 느끼는 이미지가 된다.

그런 특징들이 만들어지는 원인은 이미지가 만들어지는 과정을 상세히 이해하고 있어야 알 수 있지만, 간단하게 설명하면 다음과 같다. 이미지를 만들 때 첫 단계에서는 작고 개략적인 이미지를 만들고, 그다음 단계로 갈수록 점점 더 큰 이미지, 세밀한 이미지를 만든다. 이것은 이미지를 분석하는 과정의 반대 과정이라고 보면 된다. 이미지를 분석할 때는 그 안에 있는 가로선, 세로선, 사선, 곡선, 점 등의 특징만을 뽑아내는 필터를 사용하는데, 반대로 이미지를 만들 때는 역필터, 즉 우리가 원하는 특징에서 이미지를 만들어 내는 것을 사용한다. 그래서 처음에는 개념적이고 대략적인 그림이 만들어지고, 여러 단계를 거치면서 점점 더 세밀한 그림이 만들어진다. 이때 작은 필터나 역필터 여러 개가 그림 전체에 걸쳐 적용되는데, 그 과정에서 이미지의 한 점에 역필터가 겹쳐 중복되어 적용되고, 중복되는 정보가 강조되면 고주파 정보가 커지게 될 수 있다.

자연스러운 그림은 저주파 성분이 비교적 많고 고주파 성분은 갈수록 부드럽게 줄어드는 형태를 가지는데, 생성된 그림은 이러한 이유로 어떤 특정 주파수 성분이 강하게 나오는 것을 알 수 있다. 이러한 특성을 비교하면 자연스러운 그림인지 생성한 그림인지 판별할 수 있다.

이미지 딥페이크 탐지가 어려운 이유

여기서 문제는 지금까지 만들어진 여러 가지 생성 기법에 따라 강조되는 주파수 성분이 다르다는 것이다. 즉, 어떤 방법은 어떤 형태의 주파수 성분이 많이 나오고 또 다른 방법은 또 다른 형태의 고유한 주파수 성분이 강조될 수 있다. 그래서 만일 한 가지 방법을 이용해 만든 영상으로 인공지능을 학습시키면, 그 인공지능은 그 생성 방법에 대해서는 잘 찾아낼 수 있지만, 또 다른 생성 방법으로 만들어진 이미지가 들어오면 그것은 특성이 다르므로 찾아내지 못할 수 있다. 그러므로 새로운 생성 방법으로 만들어 낸 그림들로 또 학습해야 한다. 그래서 새로운 방법이 나올 때마다 새로운 특징들이 나오므로, 여러 가지 방법으로 만든 많은 이미지를 모아서 학습시켜야 한다. 그리고 같은 방법을 사용한 생성 방법이라고 해도 그 구성을 약간 바꾸면 또 다른 형태의 특징이 나온다. 예를 들어 2장에서 설명한 딥러닝 층의 개수를 바꾸거나 각 층에 있는 필터의 개수가 바뀌면 또 다른 형태의 특징이 나온다. 그리고 그 층의 성질을 조금만 바꾸어도 다른 특징이 나온다. 즉, 그 층에서 사용하는 필터의 개수나 모양이 바뀌면, 만들어지는 그림의 특성이 달라진다. 그래서 이렇게 생성 방법이 조금씩 변할 때마다 달라지는 특성들을 모두 가짜라고 판별하는 방법을 만들어야 한다. 이에 대해서 많은 연구가 진행되고 있다.

딥페이크 동영상 탐지

동영상에서는 프레임마다 이미지를 추출해 딥페이크 여부를 판단해 전체적으로 종합하여 최종 판단을 할 수 있다. 여기에 동영상은 시간적으로 변화하는 이미지이므로 사물의 움직임에서도 생성 여부를 판단할 수 있다. 사람이 움직일 때는 이미지가 연속적으로 변해야 하는데, 두 장의 연속된 이미지의 차이가 크면 영상이 끊겨서 어색한 동영상이 된다. 그래서 동영상을 생성할 때는 연속된 이미지들이 너무 빨리 변하지 않도록 제한을 둔다. 그 결과, 예를 들어 동영상 내의 사람이 얼굴을 아주 빨리 돌리면 어색하게 보일 수 있다. 그래서 동영상에서 이미지가 변하는 속도의 통계적 분포를 보면 실제 동영상과 생성한 동영상의 차이를 알 수 있다. 이렇게 생성 모델의 성질 등을 이용하면 딥페이크 동영상을 찾아낼 수 있다.

참고문헌

Wang, T., et al.(2024). Deepfake detection: A comprehensive survey from the reliability perspective. *ACM Computing Surveys*, 57(3), Article 58.

07
음성 딥페이크 탐지 방법

딥페이크 음성을 탐지하기 위해서는 대상 음성이 가짜라는 것을 알아낼 열쇠가 되는 특징을 찾아내는 것이 중요하고, 그다음에는 이러한 특징을 보고 최종적으로 진위를 판단하는 것이 필요하다. 사람이 그 특징을 모두 찾아내는 데는 한계가 있으므로, 대량의 데이터를 모아서 특징을 뽑아내는 모델을 학습시키고, 뒤에 그 특징을 받아서 진위를 평가하는 모델을 만든다.

AI와 윤동주?

편집된 음성 탐지

딥보이스, 즉 가짜로 생성된 음성을 탐지하는 기술은 영상을 탐지하는 방법과 기본적으로는 원리가 유사하다. 즉, 생성 과정에서 발생하는 미세한 특징을 찾아내어 진위를 판별한다. 그러나 그림과 음성은 특성이 다르므로, 실제 구현 과정에서 세부적인 사항은 많이 다르다.

가짜 음성을 만드는 가장 간단한 방법은 녹음된 음성을 편집하는 것이다. 어떤 단어를 잘라서 다른 곳에 붙이거나 삭제하는 방법으로 특정한 사람이 의도한 내용을 말한 것처럼 만들 수 있다. 우리가 문서를 편집하듯 음성을 편집할 수 있는 도구나 앱은 존재하므로 일반인도 약간의 지식만 갖추면 쉽게 음성을 잘라 붙이는 등의 편집을 할 수가 있다. 여기서도 이미지를 편집할 때와 마찬가지로 음성을 붙이면 잘라서 붙인 경계선에 부드럽게 이어지지 않는 부분이 생길 수 있다. 특히 배경 잡음이 있는 경우 배경 잡음이 부드럽게 연결되지 않는 부분을 찾아내도록 알고리즘을 만들거나 딥러닝 모델을 학습시킬 수 있다. 이미지에서는 사람이 배경 앞에 나오지만, 소리에서는 음성과 배경 소음이 동시에 겹쳐서 들리는데, 이를 완벽하게 분리하기는 현재 기술로 거의 불가능하다.

주파수 특성을 이용한 음성 딥페이크 탐지

그런데 이렇게 단순하게 잘라서 붙이는 편집 방식이 아닌, 딥러닝을 이용해 만들어 낸 음성은 편집 부분이 없으므로 그런 접합 부분을 찾아내기 어렵다. 이때는 딥러닝 모델이 음성의 특징을 파악해 실제 사람의 음성과 다른 점을 찾아내도록 학습해야 한다. 핵심은 진짜와 가짜를 구분해 내는 열쇠가 되는 특징을 찾아내는 것이다.

사람이 목소리를 만드는 과정은 다음과 같다. 먼저 허파에서 공기가 빠져나와 우리의 목에 있는 성대를 지나면서 성대가 떨리게 된다. 그러면 이 성대에서는 다양한 주파수 성분의 소리가 발생한다. 소리에는 높은음과 낮은음이 다양하게 섞여 있는데 이러한 음높이를 나타내는 척도를 주파수라고 한다. 주파수가 높으면 고음이 되고 주파수가 낮으면 저음이 된다. 주파수는 1초에 음성 파형이 몇 번 진동하는지를 나타내는 수치로, 헤르츠(Hz)라고 부르는데 사람이 들을 수 있는 주파수 범위는 대략 300Hz에서 2만2000Hz 정도다. 이 소리는 우리의 입과 코를 통해 밖으로 빠져나가는데, 입 안의 모양에 따라 공명 현상이 생겨 특정한 주파수의 소리가 커진다. 우리가 혀나 입술을 움직이면 공기가 빠져나가는 통로의 모양이 달라지고 이 모양에 따라 공명이 되는 주파수가 달라지는데, 어떤 주파수 성분이 공명이 되어 커지는가에 따라 우리 귀에는 서로 다른 소리로 들린다. 예를 들어 우리가 관악기를 불 때, 손가락으로 공기가 빠져나가는 통로의 모양을 바꿈으로써 다른 주파수의 소리가 공명이 되어 다른 음이 나오는 것과 같은 원리다. 우리 귀가 목소리를 들을 때는 귀 안의 달팽이관에 여러 주파수를 탐지할 수 있는 센서가 있어서 그 주파수 성분의 크기 변화 패턴을 뇌가 분석해 어떤 소리인지를 알아낸다.

그런데 음성은 그림과 달리 크기가 정해져 있지 않다. 예를 들어 우리가 스마트폰으로 사진을 찍는다면 대부분 일정한 크기의 이미지가 나오게 되지만, 음성은 그 길이가 문장에 따라 모두 다르다. 그래서 음성을 일정한 길이로 잘라서 분석하게 된다. 예를 들어 1초당 10개로 잘라서 10분의 1초 간격으로 나눈 구간들을 분석하게 된다. 어떤 길이의 음성이든 같은 길이로 잘게 나눈 다음 각각 조각에 푸리에 변환이라는 알고리즘을 적용하면, 시간에 따라 바뀌는 물리적 파형을 주파수 성분에 따라 달라지는 변수들로 바꿀 수가 있다. 이렇게 푸리에 변환을 이용해서 물리적 파형에서 각 주파수 성분의 에너지를 구해, 어느 주파수 성분의 에너지가 큰지를 찾아내면 그것으로 그 목소리가 어떤 말을 한 것인지를 알아낼 수 있다. 가짜 음성을 판별하는 과정도 같은 과정을 거쳐서 할 수 있다.

예를 들어 진짜 음성은 주파수가 변함에 따라 에너지가 부드럽게 바뀌게 되는데, 생성 모델로 만든 딥페이크 음성은 사람의 목소리와 같지 않고 부자연스러울 수가 있으므로 그 특징들을 찾아내는 것이다. 그런데 그중에서 어떤 특징으로 진짜와 가짜를 구분할지 알아내는 것은 쉬운 일이 아니다. 그러므로 진짜와 가짜 음성 데이터를 많이 모아서 그것을 구분할 수 있도록 학습하게 되는데, 가장 중요한 것은 판별하는 열쇠가 되는 특징을 찾아내는 것이다. 이 특징을 찾아내기 위해 많은 방법이 고안되었다.

이때에도 딥러닝의 기본 학습 원리인 최적화가 그대로 이루어진다. 즉, 가짜가 입력되었을 때는 가짜라고 출력할 확률이 1에 근접하게 되도록 하고, 진짜가 입력되었을 때는 확률이 0이 되도록 파라미터를 조절해 학습하는 것이다. 그런데 여기서 어떤 특징을 강조하느냐가 핵심점이 된다. 지금까지 사용한 다양한 종류의 딥러닝 방법을 적용해 실험하고 거기서 가장 성능이 좋은 것을 주로 많이 사용하게 된다. 초창기에는 주로 음성 인식에서 많이 사용하던 것을 그대로 사용했다. 또는 화자 인식에서 사용하는 것을 그대로 썼다. 화자 인식이라는 것은 사람의 목소리를 듣고 누구의 목소리인지 알아내는 것인데, 어떤 사람이 아이디와 비밀번호를 입력하는 대신 아이디와 목소리를 넣으면 그 목소리가 그 사람의 비밀번호를 대신하게 하는 것이다. 입력된 사람의 목소리가 그 사람의 아이디와 일치하는지 그렇지 않은지를 판단하는 것은 그 목소리가 진짜 사람 목소리인지 가짜 목소리인지를 판별하는 것과 마찬가지로 두 가지의 종류로 분류하는 문제다. 이러한 문제를 다루는 기계 학습 분야는 매우 다양하다. 예스/노, 참/거짓, 합격/불합격 등과 같이 두 개 중에서 하나를 고르는 것은 기계 학습 분야에서는 이진 분류라고 부른다.

여기서 화자 인증과 딥페이크 탐지 간의 차이는 어떤 목소리가 그 사람의 것이 맞는지 틀리는지 구분하는 것과 사람의 목소리인지 기계가 만든 목소리인지 구분하는 것이기 때문에 비슷한 방법으로 만들어 낼 수 있다. 그래서 화자 인증을 연구하는 많은 사람이 딥페이크 탐지를 연구하기 시작했다. 초창기에는 이러한 화자 인식기를 통과하기 위해 어떤 사람의 목소리를 녹음기로 녹음해서 재생하거나, 그 사람과 비슷한 목소리를 합성한 것에 대한 방어 수단으로서 화자 인증 분야에서 많이 연구되었다. 두 가지 분야의 공통점은 그 문제의 올바른 답을 내는 가장 중요한 특징을 찾아내는 것이다. 이것은 마찬가지로 다양한 딥러닝 모델에 대한 최적화 방법을 통해 학습된다.

음성 딥페이크 탐지에 필요한 특징 추출

음성 딥페이크 탐지 과정을 세분화하자면 크게 두 개의 부분으로 나눌 수 있다. 먼저 음성이 입력되면 그 음성에서 어떤 특징을 추출하는 것이다. 입력된 음성 데이터는 양이 매우 많으므로, 그것을 보고 바로 결정을 내린다는 것은 상당히 복잡한 일일 것이다. 그래서 무언가를 판단할 때는 먼저 입력된 데이터를 간략화해 최종 판단을 내리기 좋은 형태로 바꿀 필요가 있다. 이것을 특징이라고 한다.

이러한 특징이 만들어지면 그다음에는 분류기라는 또 다른 딥러닝 모델에 그 특징을 넣어서 이것이 참인지 거짓인지를 출력하도록 할 수 있다. 이 뒤에 붙이는 분류기라고 하는 것은 음성뿐만 아니라 이미지나 텍스트에 관련된 특징 등 어떤 특징이든지 입력되면 이것을 잘 분류하는 것이라고 할 수가 있다. 이러한 특징을 추출하기 위해서 다양한 방법이 사용되었는데, 그중 하나의 아이디어는 우리가 원래 음성 파형과 앞에서 설명한 바와 같이 푸리에 변환을 통해 주파수 성분으로 바꾼 특징을 모두 이용하는 것이다. 음성의 파형은 시간적으로 변화하는 물리적 현상이며, 주파수 성분은 주파수에 따라 변하는 물리적 성분이므로 이 두 가지 각각에서 진위를 판별하는 상호 보완적인 특징을 얻을 수 있을 것이다. 이것은 이미지를 처리할 때 이미지의 각 픽셀, 즉 점들을 보고 특징을 추출하거나, 이 이미지에서 주파수 성분을 구해 특징을 얻어 내는 것과 유사한 방법이라고 할 수 있다.

또 다른 아이디어는 딥러닝 과정에서 여러 층에서 나오는 값을 모두 사용하는 것이다. 앞서 딥러닝에서 설명한 대로 딥러닝 모델은 여러 개의 층으로 이루어져 있는데 일반적으로는 맨 마지막에 있는 층에서 나오는 값을 특징으로 사용하게 된다. 그런데 음성의 진위를 가릴 수 있는 특징은 음성의 전체에 걸쳐서 나타날 수도 있고, 음성의 세부적인 곳에서 찾을 수도 있다. 예를 들어 사람의 억양이나 말투 같은 것은 음성의 전체적인 특징이 될 수 있고, 음성 내에서 어떤 부분이 튀거나, 부드럽지 못하거나, 과도하게 부드럽게 되는 경우 등은 세부적인 특징이 될 수 있다. 딥러닝의 층에서 입력이 들어가는 초반부에 가까이 있는 층은 이러한 세부적인 특징을 뽑아내는 역할을 하고, 이후의 단계로 갈수록 점점 더 추상적이고 전체적인 특징을 뽑아내게 되므로, 각 층에서 나오는 값을 모두 모으면, 여러 가지 범위의 특징을 뽑아서 진위를 선별하는 더 좋은 특징을 얻어낼 수가 있을 것이다.

그리고 음성의 처음과 중간과 끝은 서로 관련성을 가지고 발성될 것이다. 어떤 사람이 말할 때 앞에 말한 음성과 뒤에 말한 음성이 매우 밀접하게 서로 영향을 미치기 때문이다. 여기서는 그래프 신경망이라는 것을 사용하기도 하는데, 그래프는 소셜 네트워크에서 사람들의 관계 또는 인터넷으로 연결된 컴퓨터 간의 관계 등을 표현할 때 많이 사용하는 기법이다. 우리가 소셜 네트워크에서 관계를 파악하는 것은 매우 중요한 일이다. 예를 들어 어떤 사람이 어떤 영화를 좋아한다면 그와 연결된 다른 사람도 그런 비슷한 영화를 좋아할 것이라는 예측을 하여 마케팅 등에 활용할 수 있기 때문이다. 사람들 간의 다양한 관계를 파악하는 것은 매우 중요한데, 음성에서도 똑같이 적용할 수 있다. 이를 이용해 딥페이크 특징을 찾아내는 방법이 고안되었는데 현재 세계적으로 연구자들이 많이 사용하는 기본적인 방법의 하나다(Jung, 2022).

대형 언어 모델을 이용한 음성 딥페이크 탐지

최근에는 챗지피티(ChatGPT) 등 언어 모델이 매우 높은 성능으로 사람의 질문에 답하여 사람들을 놀라게 하고 있다. 여기에 사용되는 똑같은 방법을 음성의 특징 추출에도 사용할 수 있다. 언어 모델을 학습시킬 때는 사람이 의미나 문법을 하나하나 알려 주는 것이 아니라 대량의 데이터를 통해 인공지능이 스스로 학습하게 한다. 여기서 대량이라고 하는 것은 실로 엄청난 것으로, 전 세계에 있는 많은 책과 인터넷에 있는 텍스트를 학습에 사용하므로 그 양은 상상을 초월할 것이다. 이런 많은 양의 문장을 이용해 인공지능을 학습시키는 방법은 다음과 같다. 먼저 단어를 정의해야 하는데, 각각의 단어는 앞서 설명한 잠재 공간에서의 한 점으로 표현된다. 잠재 공간의 어느 곳에 있는 단어는 가까운 지역에 있는 단어들과 가까운 관계를 가지게 된다.

예를 들어 잠재 공간의 어떤 곳에 '왕자'라는 단어가 있다고 하자. 그리고 거기서 한 방향으로 일정 거리를 이동했을 때 '공주'라는 단어가 있다고 하자. 그리고 또 다른 곳에 '왕'이라는 단어가 있다고 하자. 그러면 거기서 앞서와 같은 방향으로 같은 거리를 이동한다면 무엇이 있을까? 바로 '왕비'가 있을 것으로 추측할 수 있다. 이렇게 우리가 사용하는 수백만 개 이상의 단어를 앞서 말한 이상한 나라의 잠재 공간에 배치하면 그 단어들이 가지는 관계를 표현할 수 있다. 이렇게 배치하는 것도 역시 딥러닝의 최적화 방법을 통한 학습으로 이루어진다. 그렇게 단어들의 위치가 정해지면, 이제 언어 모델의 학습을 할 수 있다. 어떤 문장이 입력되면 그 문장에서 하나의 단어를 가리고 인공지능에게 보여 준다. 즉, 우리가 시험을 볼 때 괄호 넣기와 같은 방법을 사용하는 것이다. 이 딥러닝 모델은 단어마다 그 괄호에 들어갈 수 있는 확률을 계산한다. 그래서 정답은 괄호로 바뀐 원래 단어가 되는데, 그 단어가 정답이라고 나올 확률이 가장 크게 되도록 최적화가 된다.

이렇게 되면 그 딥러닝 모델은 문장에서 단어 간의 관계를 파악할 수 있도록 학습되고 그것을 이용하면 질문에 대답하거나 어떤 주제에 대해 말을 만들어 낼 수 있도록 할 수 있다. 어떤 내용을 주고 하나의 단어에서 시작하면 그 단어 다음에 올 단어들의 확률을 계산할 수 있고, 이렇게 확률이 높은 단어들을 계속해서 찾아내면 해당 내용에 대해 확률이 가장 큰 문장을 만들 수가 있게 된다. 그 문장은 사람들이 말할 확률이 가장 높은 문장이 될 것이다. 여기에 사용되는 딥러닝 모델은 트랜스포머라고 부르는 것이다. 트랜스포머는 주어진 문장에서 어느 단어를 더 집중해서 볼지를 학습할 수 있는 구조로 구현되어 있다. 이러한 학습 방법을 자기 지도 학습 방법이라고 한다. 우리가 가지고 있는 지식으로 인공지능을 훈련하는 것이 아니라, 대량의 텍스트만 주면 인공지능이 스스로 괄호 채우기를 이용한 문제를 만들어서, 그 괄호에 들어갈 내용을 예측하도록 학습하기 때문이다. 이렇게 해서 만들어진 모델은 변수가 수천억 개 이상을 가진 매우 큰 모델이 된다.

이와 유사한 방법을 이용해 음성의 특징을 학습하도록 할 수 있다. 문장에서 어떤 단어를 괄호로 가리고 거기에 들어갈 가장 적당한 단어를 찾는 문제를 내는 것처럼, 음성에서도 일정한 짧은 구간을 가리고 그 부분에 들어갈 가장 적당한 파형을 만들어 내도록 학습하는 것이다. 음성에서 가려진 부분을 잘 찾아내기 위해서는 음성의 구조에 대한 지식이 잘 학습되어 있어야 한다. 그래서 이것을 이용해 대형 모델을 만들면 그것으로 음성을 인식하거나 음성을 생성해 내거나 또는 말하는 사람을 알아내는 데 사용할 수 있다. 즉 이 대형 음성 언어 모델이 음성에서 의미나 감정, 말하는 사람을 파악하는 등에 필요한 여러 가지 특징을 찾아내도록 만들 수 있는 것이다.

이것을 딥페이크 탐색에 사용해도 매우 높은 성능을 낼 수 있다. 지금까지 나온 여러 가지 방법 중 가장 성능이 좋은 것은 바로 이러한 대형 언어 모델을 사용하는 것이다.

대형 언어 모델은 딥페이크 탐지를 위해 수집된 데이터를 이용해 탐지에 더 유리한 특징을 추출하도록 추가로 학습시키기도 하는데 이것을 미세 조정(fine tuning)이라고 한다. 대형 모델을 학습시키는 데는 상당히 오랜 시간이 걸리므로, 대형 모델은 추가로 학습시키지 않고 그대로 유지하여, 원래 대형 모델이 추출하는 특징을 이후에 추가된 층을 이용해 약간 변형시켜서 사용하기도 한다.

그런데 이러한 방법을 사용할 때의 문제점은 모델의 크기가 너무 커서 시간이 오래 걸리고 비용이 많이 든다는 것이다. 그래서 최근에는 초대형 모델과 비슷한 성능을 가지면서 크기를 줄여서 작은 기기에도 넣을 수 있고 빠르게 동작할 수 있는 모델을 만드는 연구가 활발하게 진행되고 있다. 여기서 사용되는 기본적인 방법은 전이학습이라는 것으로, 대형 모델의 작업 과정을 작은 모델이 모방하도록 훈련해서 작은 모델이 대형 모델과 같은 동작을 하도록 만드는 것이다.

이와 같이 음성 딥페이크를 탐지하기 위해서는 최근에 개발된 딥러닝 기술을 응용하며, 영상 딥페이크 탐지에 사용하는 기술도 많이 적용하고 있다.

참고문헌

Jung, J. W., et al.(2022). AASIST: Audio anti-spoofing using integrated spectro-temporal graph attention networks. 2022 IEEE International Conference on Acoustics, Speech and Signal Processing(ICASSP).

08
딥페이크 탐지의 어려움

딥페이크는 다음과 같은 여러 이유로 탐지가 어렵다. 생성물에 잡음이 많아서 판별하기 어려운 경우, 소셜 네트워크에 올리거나 저장할 때 압축하거나 크기를 줄여서 딥페이크 탐지를 위한 특징이 소실되는 경우, 학습에 사용된 데이터가 수집된 환경과 실제로 사용하는 환경이 다를 경우, 새로운 생성 방법이 개발되어 기존의 생성물과 완전히 다른 특성을 가진 멀티미디어가 생성되는 경우 등이다.

AI와 한의학?

잡음

딥페이크 탐지를 어렵게 하는 요인에는 잡음이나 압축, 크기 조정 등이 있다. 잡음이 심한 이미지나 영상, 음성은 사람이 보거나 들어도 그것이 딥페이크인지 확인하기 어렵다. 이미지의 경우 사람의 얼굴을 봐도 누구인지 분명하지 않고, 음성은 내용이나 음성의 주인이 분명하지 않으므로 가짜인지 판별하기 애매한 경우가 많다. 딥페이크로 만든 음성이나 이미지에 잡음이 많이 섞이면 딥페이크 탐지의 실마리가 되는 특징이 잡음에 가려 안 보이기 때문이다. 판별해야 하는 대상을 CCTV나 자동차 블랙박스 등에서 수집한 경우에는 잡음이 많이 포함되어 있을 수 있다.

이러한 것에 대비하기 위해 이미지나 음성에서 잡음을 제거하는 기술을 적용해 볼 수 있다. 그러나 잡음은 현재 기술로 완벽하게 제거하기는 어렵기 때문에 잡음을 제거하는 과정에서 그 미디어도 어느 정도 왜곡이 생기게 된다. 그림에 페인트로 덧칠했을 때, 원본에 손상이 없이 덧칠을 제거하는 것이 얼마나 어려운지 생각해 보면 된다. 잡음을 제거하면서 딥페이크를 탐지하는 중요한 정보도 같이 제거될 수 있다. 그리고 잡음을 제거하는 과정도 미디어를 인위적으로 조작하는 것이므로, 진품이 딥페이크로 오인될 가능성도 생기게 된다.

압축

우리가 이미지나 음성 등 멀티미디어를 저장하거나 인터넷을 통해 전송할 때는 데이터양을 줄이기 위해 압축하게 된다. 대부분의 사람이 생성물을 유튜브 등 여러 매체를 통해 공개하는데, 이때 생성물을 그대로 저장하지 않고, 대부분은 압축해서 크기를 줄인 다음 저장한다. 압축은 다양한 방법으로 하는데 주로 사람의 눈에 띄거나 귀에 잘 들리는 중요 부분만 남겨 두고 그렇지 않은 부분의 정보를 많이 없애 저장 공간을 절약하기 때문에, 이 과정에서 딥페이크 탐지에 유용한 흔적이 사라질 수 있다. 압축했다가 다시 원래대로 복원하는 과정도 일종의 생성 과정이므로, 이로 인해 실제 미디어도 딥페이크인 것으로 오인될 수 있다. 동영상은 이미지나 음성에 비해 크기가 크기 때문에 더 많이 압축하게 되고, 그래서 딥페이크 탐지가 더 어렵다.

음성을 압축할 때는 사람의 귀는 큰 소리에 가려진 작은 소리는 듣지 못하므로, 사람이 감지하지 못하는 작은 소리를 없애는 방법을 사용한다. 이때 딥페이크의 실마리가 되는 특징은 주로 작은 크기의 신호이므로, 압축할 때 쉽게 사라져 버릴 수 있다.

학습되지 않은 새로운 환경에 대처하기

딥러닝 모델은 주로 데이터를 이용해 학습되기 때문에, 학습에 사용된 데이터를 생성한 방법이 아닌 새로운 방법으로 만든 생성물이 들어오면 판별을 못 하게 될 수 있다(Nadimpalli & Rattani, 2022). 딥러닝을 훈련하기 위해서는 먼저 대량의 데이터를 수집해 그것을 분할해 일부는 학습에 사용하고, 일부는 성능 평가에 사용한다. 현재 양질의 동영상을 모으는 가장 쉬운 방법은 유튜브 등 인터넷 매체를 이용하는 것이다. 세계적으로 많은 연구자가 이렇게 개발 결과를 공유하고, 선의의 경쟁을 하며 기술을 발전시킨다. 문제는 같은 데이터를 계속해서 사용하다 보면 성능은 계속 향상되지만, 결국 그 데이터에 잘 맞는 시스템이 만들어지고, 전혀 다른 환경에서 새로 만들어진 데이터로 평가하면 성능이 급격하게 떨어지는 경우가 많다는 것이다.

예를 들어, 유튜브에 있는 동영상을 많이 모아 데이터를 만들어 개발하고 평가했다면, 이를 전화선을 통한 음성이나 다른 소셜 네트워크를 통해 받은 동영상에 적용하면 잘 탐지하지 못할 수 있다. 유튜브 동영상은 고화질

카메라를 주로 사용하는 반면, CCTV에서는 그렇지 않고, 또 저장 공간을 절약하기 위해 화질을 낮추어야 하기 때문이다. 실제로 법정에서 증거 자료로 제출되는 것은 CCTV나 블랙박스 영상이 대부분인데, 유튜브에서 수집한 동영상으로 학습된 딥러닝 모델은 이러한 데이터에 대해서는 성능이 크게 떨어질 수 있다. 그러므로 만일 딥페이크 탐지의 목적이 법정에 제출된 증거물의 확인이라면 그러한 데이터를 대량으로 수집해 연구할 필요가 있다. 그러나 특정 환경에서 대량의 데이터를 수집하는 것은 시간과 비용이 많이 드는 일이므로 사기업이나 대학이 그런 작업을 하기는 현실적으로 어렵다. 이를 위해서는 국가적인 지원이 필요할 것이다.

환경이 바뀐다는 것은 여러 가지 의미가 있는데, 예를 들어 주로 사람의 얼굴이 나오는 동영상으로 학습했다면, 동물이 나오는 동영상에서는 성능이 나빠질 수 있다. 다양한 환경에서 데이터를 수집한다는 것은 매우 어려운 일일 수 있다. 또 현재 사회적으로 큰 문제가 되는 딥페이크 음란물을 탐지하는 시스템을 개발할 때도 문제가 있다. 음란물을 만들거나 소지하거나 보면 처벌을 받으므로 실제로 이러한 음란물을 만들거나 수집해서 그것을 탐지하는 기술을 개발하는 것 또한 불가능하다. 그러므로 이러한 기술을 연구하는 사람들은 실제로 유통되는 음란물이 아닌 연구 목적에 맞게 만든 데이터로 실험하고 개발해서 평가해야 하므로, 연구실에서 개발한 것을 실제 상황에서 적용하면 잘 동작하지 못할 수 있다.

매우 빠르게 새로운 생성형 인공지능이 개발되고 있으므로, 앞으로 어떤 특징을 가진 생성물이 나올지 알 수 없다. 지금까지 보지 못한 새로운 방법이 나온다면 현재의 탐색 기법은 무용지물이 될 수 있다. 이렇게 새로운 환경에서 탐지 기능을 사용하거나, 새로 만들어진 생성 방법에 대응하기 위해서는 탐지용 인공지능을 새로 수집한 데이터로 다시 훈련해야 한다.

딥러닝을 훈련하기 위해서는 대량의 데이터가 필요한데, 딥페이크 탐지에서도 마찬가지로 딥페이크로 만든 음성을 대량으로 모으는 것은 시간과 노력이 많이 드는 일이므로, 새로운 상황에서 즉시 충분한 양의 데이터를 얻기가 쉽지 않다. 데이터가 아주 많지 않으면 딥러닝이 학습할 때 딥페이크의 흔적보다는 음성에 포함된 내용이나 사람의 목소리 특징, 감정, 개성 등 다른 특성을 학습하게 될 수 있다. 그래서 딥러닝을 학습시킬 때는 데이터 증강이라는 방법을 많이 사용한다. 이것은 가지고 있는 데이터를 조금씩 변형시켜서 그 양을 늘리는 것이다.

예를 들어 음성 파일이 있을 때 이것을 MP3나 여러 가지 다른 방법으로 압축하면, 압축 방법에 따라 그 특성이 달라진다. 그러면 인공지능에게는 이것이 서로 다른 데이터가 되는 것이다. 이미지의 경우에는 가지고 있는 이미지를 회전시키거나, 크기를 키우거나, 일부를 자르거나, 밝기나 채도를 변형시켜도 다른 이미지가 되어, 가지고 있는 것보다 데이터의 양을 몇 배 크게 할 수 있다. 최근에도 이렇게 학습에 사용할 데이터를 증강하는 방법이 계속해서 연구되고 있다.

참고문헌

Nadimpalli, A. V. & Rattani, A.(2022). On improving cross-dataset generalization of deepfake detectors. Proceedings of the IEEE/CVF Conference on Computer Vision and Pattern Recognition(CVPR) Workshops, pp.91-99.

09

딥페이크 탐지 성능 향상

딥페이크의 사용 환경이 바뀌거나 새로운 생성 방법이 개발되면 탐지 성능이 급격히 나빠진다. 그래서 딥러닝 모델을 훈련할 때 다양한 경우에 대비할 수 있도록 해야 한다. 학습을 고의로 방해해 더 어려운 상황에서도 잘 동작하도록 하는 방법과, 생성물이 가질 수 있는 다양한 특징을 포함하는 페이크 데이터를 만들어서 훈련하는 방법 등이 있다.

AI와 화장품?

학습을 방해해 어려운 특징을 찾게 하기

딥페이크 탐지 성능 향상을 위해 다양한 방법이 고안되고 있다. 그중 하나는 학습에 방해꾼을 두는 것이다. 예를 들어 어떤 회사에 외부 침입자를 막기 위한 경비원이 있는데, 그 경비원은 모든 악의적 침입자가 얼굴에 마스크를 쓰고 있다는 사실을 관찰하고, 회사에 접근하는 사람 중에서 오로지 마스크를 쓴 사람에 대해서만 감시한다고 하자. 경비원은 침입자 대부분을 막아낼 수 있지만, 만일 새로운 침입자가 얼굴에 마스크를 쓰지 않고 나타난다면 그냥 지나쳐 버릴 것이다. 이를 방지하기 위해 회사의 사장은 경비원이 들어오는 사람이 마스크를 썼는지 안 썼는지를 알 수 없게 가릴 수가 있다고 하자. 그렇다면 경비원은 마스크 착용 여부로 침입자인지 일반 고객인지를 구분할 수 없으므로, 손에 들고 있는 물건이 무엇인지 등 악의적인 침입자를 발견할 수 있는 새로운 방법을 찾으려고 노력할 것이다.

이와 같은 아이디어를 인공지능에도 적용할 수 있다. 딥페이크 탐지 시스템은 먼저 입력에서 딥페이크의 실마리를 찾을 수 있는 특징을 추출한다. 그 단계가 끝나면 그 특징을 이용해 판별하게 된다. 이때 특징을 추출하는 모델과 그다음 진위를 판별하는 모듈 사이에 그 특징을 가리는 역할을 하는 모듈을 넣는 것이다(Jeong, 2022a). 그러면 판별기는 이제 더 이상 자신이 사용하던 특징을 사용해 판별할 수 없게 되므로 성능이 떨어지게 된다. 이때 학습을 계속해서 진행하면 판별기는 가려진 특징 대신 새로운 특징을 찾아서 판별하도록 학습할 것이다. 그래서 다시 판별 능력을 학습하게 되면 판별기는 앞에서 사용하던 특징과 전혀 다른 새로운 특징을 이용해 판별하게 될 것이다. 그러면 그 훼방꾼은 또다시 그 특징을 가리게 되고, 이러한 과정은 반복되어 판별기는 계속 새로운 특징을 찾아내도록 학습될 것이다. 이렇게 되면 판별기는 하나의 특징만으로 판별하는 것이 아니라 다양한 특징을 이용하는 능력을 갖추게 되어 지금까지 알지 못했던 새로운 딥페이크에 대해 여러 가지 특징을 활용해 잘 판별할 수 있게 될 것이다. 그리고 훼방꾼이 가리는 특징들을 잘 살펴보면 그 판별기가 어떤 특징을 사용해서 판별했는지를 알 수 있게 된다. 그리고 그 판별기를 분석하면 어떤 특징을 판별에 중요하게 사용했는지 알 수 있다. 이 방법으로 판별기가 어떤 특징을 사용하는지 관찰했더니, 역시 이미지의 고주파 성분을 주로 사용한다는 것을 알 수 있었다. 즉, 주로 사물의 경계선이 딥페이크를 판별하는 주요 실마리가 된 것이다. 특히 배경이 중요하다는 것도 발견하게 되었다. 현재 연구에 사용하는 대부분의 데이터는 사람의 얼굴을 대상으로 하므로, 만일 동물 이미지가 입력되면 그 특성이 달라질 수 있다. 이 경우에도 앞서와 같이 쉬운 특징을 가리고 어려운 특징을 찾도록 하면 성능을 높일 수 있다.

탐지에 사용한 특징 망가뜨리기

또 다른 방법은 주파수 스펙트럼에 불특정 노이즈를 더해 주는 것이다. 주파수 스펙트럼은 음성이나 이미지를 변형해 주파수 성분이 잘 보이도록 만든 것이다. 앞에서 특징을 지우는 것만 했다면 이번에는 입력에 노이즈를 넣어서 판별기를 어렵게 만드는 것이다.

판별기로서는 현재까지 학습된 특징 중 쉬운 특징도 있겠지만 찾아내기 어려운 특징도 있을 것이다. 하지만 현재 학습에 쓰고 있는 특징만으로도 충분히 잘 분리가 되므로 굳이 어려운 특징을 추출할 필요가 없는 것이다. 그래서 처음에는 쉬운 특징을 기반으로 학습하다가 점점 난도가 높은 특징으로 학습하고, 그 결과 새로운 딥페이크에서 출연할 가능성이 있는 특징들도 모두 학습하게 된다.

이것은 유명한 한석봉 어머니의 교육 방식을 생각하

면 된다. 한석봉의 어머니는 글공부를 마치고 온 아들에게 불을 끈 다음 글을 쓰게 했다. 일반적인 상황에서는 불을 켜고 글씨를 쓰는 훈련을 하겠지만, 한석봉은 어두워서 보이지 않는 상황에서도 글씨를 잘 쓸 수 있을 만큼 훈련을 많이 했기에 이후에 큰 학자가 된 것이다. 이와 마찬가지로 딥러닝을 새로운 환경에 적응시키기 위해 일부러 데이터를 망가뜨려 어려운 상황으로 만들어 훈련시킨다. 앞에서와 같이 찾기 쉬운 특징을 감추거나 깨끗한 그림을 망가뜨려서 탐지에 필요한 특징을 찾아내기 어렵게 한다. 이것은 훈련을 방해하는 것 같지만, 미래에 나올 어려운 특징들을 잘 찾아낼 수 있도록 훈련시키는 것이다. 그러면 현재는 볼 수 없는 미래에 나타날 가짜 미디어도 찾아낼 수가 있게 되는 것이다.

페이크 데이터 없이 학습시키기

인공지능은 기본적으로 수집한 많은 데이터를 기반으로 학습한다. 딥페이크를 탐지하는 과제의 경우에는 실제 미디어와 딥페이크로 만든 미디어를 각각 대량으로 수집해 입력한 뒤 두 가지를 잘 구분하도록 학습한다. 그런데 미디어가 만들어지는 환경은 매우 다양하므로 모든 환경에서 발생하는 데이터를 수집한다는 것은 쉽지 않다. 예를 들어 영상은 유튜브에서 수집할 수도 있고 휴대폰이나 CCTV, 블랙박스에서 수집할 수도 있다. 이렇게 다양한 기기로 데이터를 수집하면 각각의 데이터의 화질이나 음질이 크게 차이가 나고 그 특성도 매우 달라진다. 또한 그 대상도 중요하다. 대부분은 사람의 얼굴을 가짜로 만드는 것을 탐지하는 것이 목적이므로, 수집한 데이터가 대부분 사람의 얼굴이 될 수 있는데, 만일 대상이 사람이 아닌 동물이나 자동차라면 그 특성이 많이 바뀔 것이다.

음성을 수집할 때 음성을 압축하는 방법은 여러 가지가 있다. MP3와 스마트폰에서 저장할 때 사용하는 방식이 각각 다르고, 그에 따라 특성도 달라진다. 생성 방법 역시 다양하므로, 모든 생성 방법에 대해 데이터를 충분히 수집한다는 것도 어려운 일이다. 새로운 생성 방법이 나오면 그 방법으로 만든 데이터를 대량으로 수집해 이전에 수집했던 데이터와 함께 다시 학습해야 하므로, 데이터 저장 공간이 많이 필요하고 그 많은 데이터로 학습하기 위한 시간도 오래 걸린다. 이러한 문제의 해결책의 하나로 학습 데이터 없이 학습하는 방법도 고안되었다. 영상이나 음성을 생성할 때는 앞서 설명한 바와 같이 매우 많은 역필터를 여러 층에서 차례로 적용한다. 이때 역필터를 어떻게 구성하느냐에 따라 만들어지는 딥페이크의 특징도 달라진다. 그래서 새로운 구조로 딥페이크를 만들면 또 그 방법에 대해서 데이터를 수집해야 한다. 그래서 나온 아이디어는 딥페이크 생성물을 수집하는 것이 아니라 진본 데이터만 가지고 그것을 변형해 다양한 형태의 딥페이크 미디어와 같은 특징을 가지도록 만드는 것이다.

이렇게 다양한 특징의 이미지를 생성하기 위해 원본 데이터를 잠재 공간으로 보내 압축한 후 다시 가져와서 똑같은 미디어를 복원하는 과정을 거치게 된다. 미디어를 똑같이 복원하는 방법을 오토인코더(autoencoder)라고 하는데, 미디어를 압축하는 데 주로 사용한다. 이때 디코더에서 여러 개의 층을 사용하는데, 이미지를 복원할 때마다 어떤 층은 사용하고 어떤 층은 그냥 건너뛰는 것을 불규칙하게 선택하도록 한다(Jeong, 2022b). 그러면 매번 다른 구조의 디코더에서 생성하게 되기 때문에 다른 특징의 미디어가 만들어진다. 역필터들이 많이 겹쳐 적용되는 과정에서 딥페이크의 특징이 만들어지는데, 다양한 형태로 적용되므로 다양한 특징이 만들어지는 것이다. 이러한 특징들의 차이는 다양한 생성 방법에 의해서 만드는 것과 같은 양상을 띠게 된다. 최종적으로 복원되는 이미지는 같은 것이지만, 그 안에 숨어 있는 흔적이 달라지는 것이다. 이렇게 다양한 특징이 담겨 있는 미디어로 학습하면 다양한 특징에 대해서 학습할 수 있을 것이다. 즉, 이미지나 음성을 생성하는 과정을 처음부터 끝까지 다 거쳐서 딥페이크 데이터를 만드는 것이 아니라, 딥페이크의 흔적을 만드는 마지막 과정만 다르게 적용함으로써 여러 가지 특징을 가진 딥페이크 미디어를 생성할 수 있는 것이다. 이렇게 만들어진 데이터는 사람이 보기에는 원래 이미지와 똑같은 것이지만 딥페이크 생산 과정의 마지막 부분에서 여러 가지 다른 형태를 거쳤으므로 다양한 딥페이크 이미지의 특성을 가지게 된다. 그래서 판별기는 가능한 다양한 특징을 학습하게 되는 것이다.

참고문헌

Jeong, Y. H., et al.(2022a). BiHPF: Bilateral High-Pass Filters for Robust Deepfake Detection. WACV.

Jeong, Y. H., et al.(2022b). FingerprintNet: Synthesized Fingerprints for Generated Image Detection. ECCV.

10
딥페이크 탐지 연구 방향

딥페이크 생성 기술은 끊임없이 발전하고 있고 계속해서 새로운 기술이 나오고 있으므로, 이를 탐지하는 기술도 이에 따라서 지속적으로 개발되어야 한다. 새로운 생성 기술에 대비하기 위해 인공지능을 추가로 훈련하는 방법을 고안해야 한다. 또 미래에 만들어질 기술의 모든 가능성을 예측해 대비하거나 탐지 결과에 대한 이유를 설명하는 것도 필요한 기능이다.

종교와 AI?

원 클래스 학습

현재 가지고 있지 않은 미래의 생성물이나 새로운 환경을 예측해 탐지한다는 것은 매우 어려운 일이다. 심층 신경망은 가지고 있는 데이터에 대한 정보만을 학습할 수 있기 때문이다. 이를 위해 새롭게 연구되고 있는 것이 원 클래스(one class) 학습이다. 사람은 일상생활에서 주로 진품을 다루게 된다. 이렇게 오랫동안 진품을 다루다 보면 어느 날 처음 보는 가짜가 나타났을 때 뭔가 이상하다는 것을 곧 알아챌 수 있다. 우리 머릿속에 각인된 실제 제품의 형태와 다른 것을 찾아낼 수가 있는 것이다. 인공지능처럼 사전에 많은 진품과 가짜 데이터를 가지고 이것은 진짜이고 이것은 가짜라는 훈련을 하지 않았더라도, 우리가 항상 진품을 다루게 되면 어떤 종류의 가짜가 나타나더라도 그것을 찾아낼 수가 있는 것이다. 물론 그 가짜가 아주 정밀하게 만들어진 것이라면 또 훈련이 필요하겠지만, 일반적으로 우리는 진품과 가짜를 구별하는 훈련을 하지 않고도 진품과 가짜를 알아낼 수 있는 능력이 있다. 이와 마찬가지로 인공지능도 가짜를 모두 가져다가 훈련할 수 없으므로, 차라리 진품만을 많이 모아 훈련시켜서 진품이 아닌 것을 모두 가짜로 찾아내게끔 하는 방법이 연구되고 있다.

인공지능이 진품과 가짜 데이터를 가지고 훈련하는 방법은 대상물을 잠재 공간으로 보내고, 그 안에서 경계선을 치는 것이다. 잠재 공간에는 진품도 있고 가짜도 여기저기 분포하는데, 그런 것들이 잘 모여 있도록 잠재 공간을 구성한 다음 그 두 가지 사이에 경계선을 그으면 된다. 그래서 가상 공간 안에서 그 점이 경계선에서 진품 영역 쪽에 있으면 진품이라고 하고, 경계선에서 가짜 영역 쪽에 있으면 가짜라고 하는 것이다. 그런데 우리가 지금까지 한 번도 보지 못한 것에 대해서는 그 공간이 어느 영역인지 정할 수가 없다. 그 경계선은 우리가 진짜라고 알고 있는 것과 가짜라고 알려진 것 사이를 가르는 것이다. 그 무한한 공간에는 우리가 아는 것보다는 보지 못한 점들이 훨씬 많고, 그러한 대부분의 공간에 있는 것은 그것이 진품인지 가짜인지 알 수 없으므로, 경계선에 따라 그 모르는 공간이 진품의 공간에 속하게 될 수도 있고, 혹은 가짜의 공간에 속하게 될 수도 있다. 그래서 만약 새로 나타난 가짜가 이전에 보지 못한 위치에 있기 때문에 우연히 진품 영역 안에 들어 있게 된다면 그것을 진품으로 판별하게 될 것이다. 그런데 진품이 무엇인지를 정확하게 알고 있다면 오로지 진품만이 들어가 있는 좁은 영역을 경계선으로 구분할 수 있다. 잠재 공간은 무한히 큰 영역이므로 그 안에서 확실하게 진품인 것만 한 영역으로 모아 놓고 그것을 경계면으로 둘러싼다면 그 외의 공간에 있는 것은 전부 가짜가 될 것이다. 그렇다면 우리가 지금까지 보지 못한 새로운 가짜가 나타나더라도 그것은 진품 영역 안에 들어 있지 않으므로 가짜로 판별할 수 있게 될 것이다.

연속 학습

미래를 예측할 수는 없으므로 미래에는 우리가 전혀 예측하지 못한 새로운 미디어 생성 방법이 나올 수가 있고, 이러한 생성물은 현재 학습된 탐지 모델로 탐지하지 못하게 될 수도 있다. 그러면 새로 만들어진 생성물을 대량으로 수집해 탐지 모델을 다시 학습해야 하는데, 이렇게 되면 시간이 매우 오래 걸린다.

그리고 이미 만들어진 모델을 새로운 종류의 데이터에 대해서만 훈련하면 이전에 학습한 내용이 전부 사라지는 망각 현상이 일어난다. 이것을 인공지능 분야에서는 파괴적 망각(catastrophic forgetting)이라고 부른다. 사람은 새로운 개념을 학습했을 때 이전에 학습한 것을 어느 정도 잊어버리기는 해도 대체로 잘 기억하고, 새로운 것을 학습하게 된다. 하지만 현재 인공지능 모델의 학습 방법은 이와 달리 새로운 것을 학습하면 이전에 학습한 것이 매우 빨리 사라져 버리는 현상이 발생한다. 따라서 새로운 방법으로 만들어진 생성 모델로 데이터를 수집했을 때, 기존에 학습한 내용을 잊어버리지 않고 새로운 미디어에서 나타날 수 있는 딥페이크 특징을 학습하는 방법 또한 연구되고 있다. 이것을 연속 학습(continual learning)이라고 한다. 기존의 학습 방법은 모든 데이터를 가지고 수행하게 되어 있지만, 이 방법은 데이터가 생길 때마다 추가로 더 학습할 수 있게 하는 것이다.

가장 쉬운 방법은 새로운 데이터가 생기면 이전에 학습할 때 사용한 데이터와 합쳐서 함께 학습하는 것이다. 그러나 이것은 많은 데이터 저장 공간과 시간이 필요하다. 따라서 이전 데이터의 일부만 다시 사용하는 방법이 있다. 다른 방법은 신경망에 새로 뉴런들을 추가해 그 부분만 새로운 데이터로 추가 학습하게 하는 것이다.

딥페이크 탐지 결과 설명

지금까지 개발된 딥페이크 탐지기는 지금도 쏟아져 나오는 많은 미디어에 대해 자동으로 해로운 딥페이크 생성물을 탐지해 이로 인한 피해를 미리 방지하도록 사람에게 경고하는 데 사용할 수 있다. 예를 들어 법정에 제출된 증거물에 대해 상대방이 그것이 가짜라고 주장한다면, 그것이 왜 가짜인지 혹은 진짜인지 설명할 수 있어야 할 것이다.

최근에는 대형 언어 모델을 이용해 이를 설명하게 하는 연구도 시작되었다. 챗지피티(ChatGPT)에 이미지를 입력하고 이것이 진짜인지, 혹은 왜 가짜라고 판단하는지 설명하게 하는 것이다. 그러면 딥페이크에 훈련되지 않은 언어 모델도 80% 정도의 정확도로 판단하고 그 이유를 설명하는 것으로 보고되었다(Jia, 2024). 이때 입력된 이미지의 어느 부분이 어색한지를 설명하라고 상세하게 프롬프트를 넣어 주면 더 좋은 성능을 얻을 수 있다. 눈동자가 비대칭인지, 치아 모양이 이상한지, 피부 질감이 일관되지 않은지 등 구체적으로 질문하면 이에 대해 구체적인 답을 얻을 수 있다.

이 언어 모델을 학습시키면 더 좋은 성능을 얻을 수 있다. 눈이 이상한 이미지를 입력하면 눈이 이상하다고 답하도록 데이터를 만들어서 훈련하는 것이다. 이러한 방법의 문제점은 많은 양의 훈련 데이터를 만들어야 하는데, 사람이 만들기는 쉽지 않다는 것이다. 즉, 눈이 이상한 이미지와 그 답을 설명한 문장을 많이 만들어야 하는 것이다.

설명 가능한 인공지능에 대한 필요성은 인공지능의 전 분야에 해당하는데, 딥페이크 탐지의 경우에는 더 필수적이라고 할 수 있다.

참고문헌

Jia. S., et al.(2024). Can ChatGPT Detect DeepFakes? A Study of Using Multimodal Large Language Models for Media Forensics. Proceedings of the IEEE/CVF Conference on Computer Vision and Pattern Recognition(CVPR) Workshops. pp.4324-4333.

Zhang, Y., et al.(2024). Common Sense Reasoning for Deepfake Detection. European Conference on Computer Vision(ECCV), European Computer Vision Association.

유하진

서울시립대학교 컴퓨터과학부 교수다. KAIST 전산학과에서 학사, 석사, 박사 학위(1997)를 받았다. 박사 학위 논문 제목은 "불균일 단위 신경 회로망과 퍼지전문가 시스템에 기반한 연속음성인식 시스템"이다. LG전자기술원에서 한국어음성인식기를 개발했다(1997~2000). 벤처 기업 SL2(주)에서 연구소장으로 음성 인식 기술을 상업화했다(2000~2002). 2002년 서울시립대학교 컴퓨터과학부 교수로 부임해 현재까지 화자 인식 등을 연구했고, 2014년부터 음성 딥페이크 탐지 연구를 진행했다. 국제적 챌린지 ASVspoof(automatic speaker verification spoofing and countermeasures challenge)에 여러 차례 팀으로 참가해 상위권의 성적을 얻었다. 한국음성학회와 한국음향학회에서 총무이사, 편집위원장 등을 역임했고, 우수논문상을 수상했다. 서울시립대학교 컴퓨터과학부장, 인공지능학과장, 교수학습연구센터장 등의 직을 수행했다. 옮긴 책으로 『루비 프로그래밍언어』(2012)가 있고, "AASIST: Audio anti-spoofing using integrated spectro-temporal graph attention networks" 등 100편 이상의 논문을 국제 학술 대회에서 발표하거나 학술지에 게재했다.